A FUNDAMENTAL GREEK COURSE

Answer Key

James I. A. Eezzuduemhoi

Edited by Glenn R. Storey

University Press of America,® Inc.
Lanham · Boulder · New York · Toronto · Plymouth, UK

Copyright © 2011 by
University Press of America,® Inc.
4501 Forbes Boulevard
Suite 200
Lanham, Maryland 20706
UPA Acquisitions Department (301) 459-3366

Estover Road
Plymouth PL6 7PY
United Kingdom

All rights reserved

British Library Cataloging in Publication Information Available

Library of Congress Control Number: 2011929793
ISBN: 978-0-7618-5615-3 (paperback : alk. paper)
eISBN: 978-0-7618-5616-0

CONTENTS

Author's Introduction and Editor's Foreword   v

Exercise Chapter 3   1

Exercise Chapter 4   3

Exercise Chapter 5   5

Exercise Chapter 6   7

Exercise Chapter 7   8

Exercise Chapter 8   10

Exercise Chapter 9   12

Exercise Chapter 10   14

Exercise Chapter 11   16

Exercise Chapter 12   19

Exercise Chapter 13   21

CONTENTS

Exercise Chapter 14	24
Exercise Chapter 15	26
Exercise Chapter 16	29
Exercise Chapter 17	31
Exercise Chapter 18	34
Exercise Chapter 19	37
Exercise Chapter 20	41
Exercise Chapter 21	44
Exercise Chapter 22	49
Exercise Chapter 23	52
Exercise Chapter 24	57
Exercise Chapter 25	61
Exercise Chapter 26	65
Exercise Chapter 27	71
Exercise Chapter 28	75
Exercise Chapter 29	81
Exercise Chapter 30	87
Exercise Chapter 31	92

AUTHOR'S INTRODUCTION

This volume is the KEY or solutions to Exercises (λύσεις τῶν ἀσκησέων) in the Fundamental Greek Course. Most of the topics in the exercises, gleaned mainly from the literary works of ancient Greece, span the fields of history, education, religion, agriculture, philosophy (ethics), commerce, geography, geology, etc. Constant reviewing of grammatical rules and exercises in the main book and the Key assures rapid mastery of the language.

James I. A. Eezzuduemhoi

EDITOR'S FOREWORD

We proudly present here the KEY to James Eezzuduemhoi's *Fundamental Greek Course*. This key provides full answers to each of the exercises in the main text. Only the detailed answers are here included, following the outline system for each exercise in the text. In this way, the instructor of a course or the individual who is following the course without an instructor can complete the exercises in the text and then check themselves with the key. Consequently, the student or self-taught individual can glean the most benefit from practice. Exercises begin with Chapter 3 in the main text.

This tandem of text and key is ideally suited to the beginning class, or for self-teaching. I also recommend this system as ideal for teaching Greek composition, both at the undergraduate, and especially the graduate, levels. James Eezzuduemhoi has spent much time crafting these exercises so that they illustrate and exemplify the particular grammatical points covered in each chapter of the text. The vocabulary after each exercise in the text is keyed closely to the exercises so that the student can use the proper terms and forms needed to complete the exercises. These exercises are highly recommended for both translating Greek to English and for learning the best habits for composition from English to Greek. I would like to acknowledge the assistance of Matthew Horrell in the completion of the electronic transcription of the text, and Jean Frazer for invaluable help with the formatting.

Glenn R. Storey

EXERCISE CHAPTER 3

A.
1. I give
2. I check, stop
3. We have
4. The boy is good
5. You have
6. There is a certain wise man
7. He is a good man
8. You are wise
9. We are here
10. You will be
11. We shall be
12. Thou will (you will) be happy
13. He will not be wise
14. I am good
15. Thou wast (you were) happy
16. I shall be rich
17. You were not here
18. Thou wilt (you will) be unfortunate
19. You two-were
20. There will be much food.

B.
1. ἔσονται
2. ἦν op ἦ
3. ὧδε ὁ ἀνήρ ἐστιν

EXERCISE CHAPTER 3

4. πλούσιος ἦν
5. εὐδαίμων οὐκ ἔστιν ὁ δοῦλος
6. εὐδαίμων εἰμί
7. ἀνὴρ ἀγαθὸς ἦν ὁ Ἀχιλλεύς
8. ἔσεσθον
9. ὧδε ἦμεν
10. ἀγαθός ἐστιν ὁ σῖτος
11. ὧδε ἦτε or ἦστε
12. πλούσιός ἐστιν ὁ δοῦλος
13. οὐκ ἔχεις
14. οὐκ ἔχομεν
15. οὐ δίδωμι
16. ἔσται εὐδαίμων ὁ δοῦλος
17. οὐ σοφός εἶ
18. οὐ παύω
19. οὐκ ἐσόμεθα ὧδε
20. ἐκεῖ ἦστον

EXERCISE CHAPTER 4

A.
1. The two-men
2. Of the city-state, or of the state or of the city
3. To the city-state
4. The husbandman has two ploughs
5. The affairs of the country or land
6. The men of that time
7. The eye of a needle
8. To the good men
9. The spectators admire the orator
10. The father gives money to his son
11. They give us many gifts
12. Men of the present day love the literary works of the men of that time
13. There is no friendship between the wolf and sheep
14. They drove the women into the city
15. The faithful slave is not hated by the master
16. The goods of fortune are pleasant to good men
17. The king does not love Thetis, the queen
18. Honour is bestowed upon Demosthenes and Antisthenes, the two generals of the state
19. The young-man is a soldier
20. The industrious farmer will not be a poor man

B.
1. τῆς χώρας
2. εἰς τὴν χώραν
3. τῷ ἀνδρί

4. τοῖν ἀνδροῖν
5. τῶν τότε
6. τὸ δένδρον
7. τὸ δῶρον
8. ὧδέ ἐστιν ἡ ῥαφίς
9. τὸν ῥήτορα οὐ θαυμάζουσιν
10. πολλὰ χρήματα τῷ δούλῳ δίδωσιν
11. οὐκ ἡμῖν τὰ δῶρα δίδωσιν
12. ὁ λύκος τὸν ἀμνὸν οὐ φιλεῖ
13. τὸν κλέπτην εἰς τὴν ὕλην ἤλασαν
14. εὐδαίμων ἐστιν ὁ φιλόπονος δοῦλος
15. ἀγαπᾶται ἡ φιλόπονος γυνή
16. ὁ Ἀλέξανδρος, ὁ βασιλεύς, στρατηγὸς ἦν
17. τὸν Δαρεῖον, τὸν βασιλέα, φιλεῖ
18. ἐγένετο δ' ἄρχων ὁ στρατιώτης
19. ἀπεδείχθη κῆρυξ ὁ πιστὸς ἄγγελος
20. ὁ γεωπόνος ἐκηρύχθη βασιλεύς

EXERCISE CHAPTER 5

A.
1. εὑρετῇ
2. ποιητάς
3. νεανιῶν
4. δεσπότην
5. ναύτου

B.
Nominative	ὁ Ἱππίας	τὼ λῃστά	οἱ δεσμῶται
Vocative	ὦ Ἱππία	ὦ λῃστά	ὦ δεσμῶται
Accusative	τὸν Ἱππίαν	τὼ λῃστά	τοὺς δεσμώτας
Genitive	τοῦ Ἱππίου	τοῖν λῃσταῖν	τῶν δεσμωτῶν
Dative	τῷ Ἱππίᾳ	τοῖν λῃσταῖν	τοῖς δεσμώταις

C. Parsing:
κριτῶν, genitive plural of κριτής, κριτοῦ, a judge
κλέπταις, dative plural of κλέπτης, κλέπτου, a thief
στρατιῶτα, vocative singular of στρατιώτης, στρατιώτου, a soldier
μαθητάς, accusative plural of μαθητής, μαθητοῦ, a pupil, student
δραπέτῃ, dative singular of δραπέτης, δραπέτου, a fugitive

D.
1. The sailor was always on the sea.
2. I shall give the money to the pupils of the master.
3. The citizens love the soldiers.
4. The judge does not praise the robber.

5. The Persian does not praise only the pupils but also the master.
6. The judge does not believe the robbers.
7. The discoverer of the land is loved by the citizens.
8. Hippias was the traitor of his country (fatherland).
9. The fugitive will be captured by the soldier.
10. Both the councillor and the soldier are useful citizens.

E.
1. τοῦ κριτοῦ
2. τῷ ποιητῇ
3. τοὺς δεσμώτας
4. τοὺς κλέπτας
5. τῷ δραπέτῃ
6. τοῖς ταμίαις
7. ἀπὸ τοῦ Ἑρμοῦ
8. τοῖν ναύταιν
9. ὑπὸ τοῦ βουλευτοῦ
10. ἀντὶ τοῦ πολίτου

F.
1. στρατιῶται ἦσαν ἅπαντες οἱ Σπαρτιᾶται.
2. ἡ τοῦ ποιητοῦ σοφία θαυμάζεται ὑπὸ τοῦ πολίτου.
3. οὐκ ὠφέλιμος πολίτης ἐστὶν ὁ λῃστής.
4. φιλεῖ ὁ βασιλεὺς τοὺς (τὰς) ταμίας.
5. στρατιώτα τε καὶ βουτευλτὰ ἐν τῇ πόλει ἤστην (or ἤτην).
6. λῃσταὶ οὐκ ἦσαν ἐν τῇ τῶν Περσῶν χώρᾳ.
7. ἡ τοῖν μαθηταῖν σοφία ἐπαινεῖται ὑπὸ τοῦ δεσπότου.
8. φιλεῖ τὸν Ἱππίαν, τὸν τοῦ βουλευτοῦ ταμίαν.
9. ὁ μὲν στρατιώτης δύναμιν πολλὴν ἔχει, ὁ δὲ ποιητὴς πολλὴν σοφίαν.
10. ἐπαινοῦσιν οἱ πολῖται οὐ μόνον τὸν ναύτην ἀλλὰ καὶ τὸν εὑρετήν.

EXERCISE CHAPTER 6

A.
1. He wishes to be a king.
2. Let us be friends of (or be friendly to) all (men).
3. Be a friend not only in words but also in practice.
4. Let pupils be obedient to their master.
5. Would that the pious people were immortal (may the pious be immortal), for this would have been the best (thing).
6. He studies that he may not be illiterate.
7. They were of good courage (took courage) that they might be victorious.
8. May both the judge and the councillor be always good citizens.
9. Would that we were (May we be) like the Greeks of old in wisdom.
10. May everyone be always mindful of God.

B.
1. θαρραλέως ἐπολέμησαν ἵνα νικηφόροι ἔσοιντο.
2. εἷς βασιλεὺς ἔστω· τοῦτο γὰρ φιλεῖ Ζεύς.
3. οὐ βούλεται ὁ τῶν δεσποτῶν ταμίας εἶναι.
4. ὦ νεανία, ἀγαθὸς μαθητὴς ἴσθι.
5. ὁσάκις ἀεργός ἐστιν, μελετάει ἵνα πολυμαθὴς ᾖ.
6. ὑπήκοοι ὄντων οἱ στρατιῶται τῷ στρατηγῷ.
7. λαβὲ τὰ χρήματα καὶ τοῖς πτωχοῖς δός.
8. εὐσεβέστεροι ὦμεν τῶν βαρβάρων.
9. ὦ μαθητά, φιλοπονότερος ἴσθι ἢ ὁ δεσπότης σου.
10. θέλειν τις μείζων τοῦ θεοῦ εἶναι ὕβρις ἐστίν.

EXERCISE CHAPTER 7

A. Present indicative active:
	πίνω	χωρεύω	βλέπω
1.	πίνω	χωρεύω	βλέπω
2.	πίνεις	χωρεύεις	βλέπεις
3.	πίνει	χωρεύει	βλέπει
2.	πίνετον	χωρεύετον	βλέπετον
3.	πίνετον	χωρεύετον	βλέπετον

B. Imperfect indicative active:
	φύω	διδάσκω	λαμβάνω
1.	ἐφύομεν	ἐδιδάσκομεν	ἐλαμβάνομεν
2.	ἐφύετε	ἐδιδάσκετε	ἐλαμβάνετε
3.	ἔφυον	ἐδίδασκον	ἐλάμβανον

C. Parsing:
πλέκετε, second person plural. present indicative and imperative active of πλέκω, I weave
ἐκτιζέτην, third person dual, imperfect indicative active of κτίζω, I build
ἐκρύπτομεν, first person plural, imperfect indicative active of κρύπτω, I hide
πέμπουσι(ν), third person plural present indicative active of πέμπω, I send
ἔλουε(ν), third person singular, imperfect indicative active of λούω, I wash

EXERCISE CHAPTER 7

D.
1.
   i) They-two were drinking
   ii) You (singular) were dancing
   iii) They weave
   iv) We were changing
   v) You-two were leaving
2. The industrious farmer produced (was producing) abundant corn.
3. We did not persuade the man.
4. The two stewards were always drinking wine.
5. The two judges do not suspect the young-man.
6. For he did not collect all that he has.
7. In ancient Greece, the citizens often drove out the traitor from the state.
8. Very often, thieves conceal what they steal.
9. The citizens did not kill the robbers; they threw them into the prison.
10. We did not sympathize with the poor man who often drank wine.
11. As often as the enemy made an inroad into their place, the citizens fled (were fleeing).

E.
1.
   i) ἔπλεκεν
   ii) ἀποβάλλουσι(ν)
   iii) ἐπέμπομεν
   iv) ἠλλασσέτην
   v) ἐθέριζες
2. ὦ μαθηταί, ἐθαυμάζετε πολλάκις τὴν τοῦ δεσπότου σοφίαν.
3. οὐ πολλάκις ἐκόλαζεν ὁ κριτὴς τοὺς στρατιώτας· ἤμυνον γὰρ τῇ πατρίδι.
4. οἱ μὲν κακοὶ ἄνθρωποι τοὺς βουλευτὰς διαβάλλουσιν, οἱ δὲ ἀγαθοὶ πολῖται θαυμάζουσιν αὐτούς.
5. ἐν θέρει, ἐκλείπουσιν οἱ ἄνθρωποι τὴν πόλιν εἰς τὸν ἀγρόν.
6. ἔσπειρον μὲν ἀεὶ οἱ γεωργοὶ ἅμα τῷ ἔαρι, ἐν δὲ θέρει, τὸν καρπὸν ἐθέριζον.
7. οἱ τοῦ δεσπότου δοῦλοι ἤλαυνον τοὺς ὄνους εἰς τὴν πόλιν.
8. οἱ μὲν τοῖς θεοῖς οὐ πιστεύουσιν· οἱ δὲ αὐτοὺς εὖ σέβονται.
9. περίηγεν ὁ διδάσκαλος τὰς κώμας καὶ ἐδίδασκεν.
10. ἔχουσιν μὲν τοὺς ὀφθαλμούς, οὐδὲ βλέπουσιν.

EXERCISE CHAPTER 8

A.
1. γλωσσῶν
2. πηγαῖς
3. οἰκίας
4. ἐκκλησίαιν
5. κώμας

B.

	μάχη	πύλη	νύμφη
Nominative	ἡ μάχη	τὼ πύλα	αἱ νύμφαι
Vocative	ὦ μάχη	ὦ πύλα	ὦ νύμφαι
Accusative	τὴν μάχην	τὼ πύλα	τὰς νύμφας
Genitive	τῆς μάχης	τοῖν πύλαιν	τῶν νυμφῶν
Dative	τῇ μάχῃ	τοῖν πύλαιν	ταῖς νύμφαις

C. Parsing:
πηγῶν, genitive plural of πηγή, -ῆς, f. fountain, origin
ἀρετῇ, dative singular of ἀρετή, -ῆς, f. virtue, valour
γῆν, accusative singular of γῆ, -ῆς, f. earth, land
ἀγοραῖν, genitive/dative dual of ἀγορά, -ᾶς, f. market-place
κόραις, dative plural of κόρη, -ης, f. girl, daughter

D.
1. The queen's daughter used to dance (was dancing) in the market-place.
2. They sing a new song in the assembly of the pious (men).

EXERCISE CHAPTER 8

3. The two queens used to admire (were admiring) the opinion of the bride.
4. You slander the master's daughter, but we admire her virtue.
5. Those (who live) near the fountains often catch a view of the muses.
6. Piety gives reputation to a queen.
7. The rulers always sacrifice in the market-place to Athena on behalf of the villages.
8. Virtue is the source of wisdom.
9. They, very often during invasion, break through both the gates of the villages and the doors of the houses.
10. They do not build bridges upon the sea; they cross it with ships.

E.
1. τὴν βασιλείαν
2. τῆς ἐκκλησίας
3. τοῖν μναῖν
4. εἰς τὴν χώραν
5. ἀμφὶ τὴν πύλην
6. κατὰ τὴν μάχην or διὰ τῆς μάχης
7. δίκη
8. ἀπὸ (or ἐκ) τοῖν νύμφαιν
9. ὦ ἀρχή
10. εὐσεβείας

F.
1. αἱ Μοῦσαι, αἱ τοῦ Διὸς (κόραι) σοφίαν πολλὴν ἔχουσιν.
2. ὑμεῖς μὲν ἐφεύγετε διὰ τῆς μάχης· ἡμεῖς δὲ ἐξηλαύνομεν τοὺς πολεμίους ἐκ τῆς πύλης τῆς κώμης.
3. ἔχουσιν δὴ οἱ θεοὶ (τὴν) ἐξουσίαν τῆς γῆς τε καὶ θαλάσσης.
4. δίδωσιν δὴ ἡ ἀρετὴ τιμὴν τῇ κόρῃ.
5. πολλάκις δὴ βλέπουσιν αἱ Νύμφαι τὰς κόρας ἀμφὶ τὰς πηγάς.
6. ἡ κόρη τὴν τοῦ νεανίου γλῶσσαν θαυμάζει.
7. ἐξῆγον δὲ τὴν ἅμαξαν ἐκ τῆς κώμης εἰς τὴν ἀγοράν.
8. ἀδελφαί εἰσιν, ἡ Ἀθηνᾶ καὶ αἱ Μοῦσαι.
9. ἀμφὶ δείλην, οἱ ἀμφὶ θάλασσαν κομίζουσιν ἰχθύας (ἰχθῦς) εἰς τὰς κώμας.
10. ἐν τῇ τῶν Περσῶν (χώρᾳ), αἱ τῶν κωμῶν πύλαι ἰσχυραί εἰσιν.

EXERCISE CHAPTER 9

A. Future indicative active:
	πέμπω	βουλεύω	ἄγω
1.	πέμψω	βουλεύσω	ἄξω
2.	πέμψεις	βουλεύσεις	ἄξεις
3.	πέμψει	βουλεύσει	ἄξει

B. Aorist indicative active:
	δέρω	στέλλω	κόπτω
2.	ἐδείρατον	ἐστείλατον	ἐκόψατον
3.	ἐδειράτην	ἐστειλάτην	ἐκοψάτην

C. Aorist indicative active:
	φράζω	ἔχω	νέμω
1.	ἐφράσαμεν	ἔσχομεν	ἐνείμαμεν
2.	ἐφράσατε	ἔσχετε	ἐνείματε
3.	ἔφρασαν	ἔσχον	ἔνειμαν

D. Parsing:
   ἐγραψάτην, third person dual, aorist indicative active of γράφω, I write
   ἀγγελοῦσιν, third person plural, future indicative active of ἀγγέλλω, I announce
   ἐμβαδίσαμεν, first person plural, aorist indicative active of βαδίζω, I walk
   ἤξατε, second person plural, aorist indicative active of ἄγω, I lead
   φυτεύσεις, second person singular, future indicative active of φυτεύω, I plant

E.

βλάπτω – βλάψουσιν
ὁπλίζω – ὁπλίσουσιν
ἥκω – ἥξουσιν
ἄρχω – ἄρξουσιν
στέλλω – στελοῦσιν

F.

1. They plotted; we armed; they will declare; they-two remained, you (singular) cut
2. About dawn, the farmers will convey provisions into the market.
3. At daybreak, we shall walk towards the sea.
4. The citizens will surely arm the soldiers, for a war will soon break out.
5. The enemy made an inroad to the city; the inhabitants therefore fled into the forest.
6. Which men will plot against the judge? Who will expose the plot?
7. I had pity on the poor man but you insulted him.
8. About afternoon, they announced the victory to those in the assembly.
9. We shall indeed rule not only our fellow-countrymen but also the barbarians.
10. Why did you put faith in the soldier who plotted against the queen?
11. The judge really punished the traitor, for he harmed the village.

G.

1. εἴδομεν, ἄξομεν, ἤγγειλε, ὑβριοῦσιν, ἐμείνατον
2. οἱ μὲν πολλοὶ ἐν πολλῷ δέει ἦσαν· ἡμεῖς δὲ θαρραλέως ἔσχομεν.
3. πολλάκις δὴ ἔβλεψαν τὸν τοῦ δεσπότου (υἱόν) ἐν τῇ κώμῃ.
4. ηὗρον δὲ τὰ λῃστοῦ χρήματα, τὰ μὲν οἴκοι, τὰ δὲ ἄλλοθι.
5. διὰ τί τὸν νεανίαν ἐκόλασας; ἐπειδὴ τὸν τῆς πόλεως ἄρχοντα ὕβρισεν.
6. ἅμα τῇ ἕῳ ἐσπεύσαμεν πρὸς τὸν ἀγρόν· ἀμφὶ δὲ δείλην, τὰ σιτία ἐκομίσαμεν εἰς τὴν πόλιν.
7. τίνας ἄνδρας στελοῦτε εἰς τὴν Περσίδα; πέμψομεν γὰρ δῶρον δι᾽ αὐτῶν τῷ τῆς χώρας βασιλεῖ.
8. ἡμεῖς μὲν ὑπὲρ τῆς πατρίδος ἐπάθομεν· ὑμεῖς δὲ οὐδὲν ἐπράξατε.
9. οὐκ ὁπλίσομεν δὴ τὸν ἄνθρωπον ὅστις τὴν ἡμετέραν πόλιν βλάψει.
10. ἐκόλασε δὲ τὸν στρατιώτην ἐπειδὴ τὸν κλέπτην οὐ συνέλαβεν.

EXERCISE CHAPTER 10

A.
1. νήσους
2. ποτηρίου
3. φυτοῖς
4. σύμμαχοι
5. ποταμοῖν

B.

	τὸ ὀστοῦν singular	ὁ οἶνος dual	ἡ πρόχους plural
Nominative	τὸ ὀστοῦν	τὼ οἴνω	αἱ πρόχοι
Vocative	ὦ ὀστοῦν	ὦ οἴνω	ὦ πρόχοι
Accusative	τὸ ὀστοῦν	τὼ οἴνω	τὰς πρόχους
Genitive	τοῦ ὀστοῦ	τοῖν οἴνοιν	τῶν πρόχων
Dative	τῷ ὀστῷ	τοῖν οἴνοιν	ταῖς πρόχοις

C. Parsing:
νόμοις, dative plural of νόμος, law
θανάτῳ, dative singular of θάνατος, death
ῥῶν, genitive plural of ῥοῦς, a stream
δένδροιν, genitive/dative dual of δένδρον, a tree
νόσου, genitive singular of νόσος, a disease

EXERCISE CHAPTER 10

D.
1. of gold; to (or with) gifts, O dew; of places; from Olympus
2. Homer named the Greeks separately as Danaäns, Argives and Achaeans.
3. River Nile is a great gift to Egypt.
4. Who put new wine into old wine skins?
5. According to a prophecy, this world will surely end in nine years.
6. In the tenth year, they put an end to the war against the barbarians.
7. Gold and silver are a guile to men.
8. The foolish person seeks for abundant treasures, but the wise man fears great wealth.
9. The generals did not trust the allies; for they sent many gifts to the enemy of the state.
10. They took by vote a decision on the banishment of the generals.
11. Some are physicians of diseases of the body (flesh), but others of the mind.

E.
1. εἰς τοὺς ἀγρούς
2. παρὰ τὸν ποταμόν
3. ἐκ τοῖν ὁδοῖν
4. τοῦ ποτηρίου
5. τὰ ὄρη
6. τοῦ ὅρου
7. ἐν χειμῶνι τε καὶ ἐν θέρει
8. οἱ δὲ εὐσεβεῖς ἅπαντες ἀναχθήσονται
9. ἡψάτην τὸ ζυγόν
10. τοῖς εἴσπλοις

F.
1. οὐ γὰρ δὴ ἦν ὁ εἰς Νάξον εἴσπλους χθές.
2. ἐγχεῖ δὲ ὁ δοῦλος τὸν οἶνον εἰς τὸ ποτήριον.
3. τὸν βίον τε καὶ θάνατον τῶν ἀνθρώπων κατέχουσιν οἱ θεοί.
4. οὐ γὰρ παρὰ τὸν τοῦ δήμου νόμον ἀπεδείχθη στρατηγὸς ὁ ἄνθρωπος οὗτος.
5. ἐκόμισαν γὰρ τοὺς ἐν Δήλῳ θησαυροὺς εἰς (τὰς) Ἀθήνας.
6. παύσουσι δὴ τοὺς πολεμίους οἱ ἐν τῷ χωρίῳ σύμμαχοι.
7. ὁ δὲ ἵππος ἐνίοτε σοφώτερός ἐστιν ἢ ὁ ἀνόητος ὄχλος.
8. ἀδελφοὶ δὴ ἐσμέν· κληρονόμοι οὖν πάντες τῶν τοῦ πατρὸς θησαυρῶν ἐσόμεθα.
9. ἐκόλασε δὲ ὁ δῆμος τοὺς κακούργους θανάτῳ.
10. ὁ μὲν Διόνυσος τῆς ἀμπέλου θεός ἐστιν, ὁ δὲ Ἥφαιστος (θεὸς) τοῦ πυρός.

EXERCISE CHAPTER 11

A. Perfect indicative active:

	ῥίπτω	κρούω	σπείρω
1.	ἔρριφα	κέκρουκα	ἔσπαρκα
2.	ἔρριφας	κέκρουκας	ἔσπαρκας
3.	ἔρριφε(ν)	κέκρουκε(ν)	ἔσπαρκε(ν)

B. Pluperfect indicative active:

	στρατεύω	φύω	θύω
2.	ἐστρατεύκετον	ἐπεφύκετον	ἐτεθύκετον
3.	ἐστρατευκέτην	ἐπεφυκέτην	ἐτεθυκέτην

C. Perfect indicative active:

	χορεύω	πνέω	ἀγγέλλω
1.	κεχορεύκαμεν	πεπνεύκαμεν	ἠγγέλκαμεν
2.	κεχορεύκατε	πεπνεύκατε	ἠγγέλκατε
3.	κεχορεύκασι(ν)	πεπνεύκασι(ν)	ἠγγέλκασι(ν)

D. Parsing:

εἰθίκη, first person singular, pluperfect indicative active of ἐθίζω, I accustom

εἰάκασιν, third person plural, perfect indicative active of ἐάω, I permit

ἐκεκρούκεσαν, third person plural, pluperfect indicative active of κρούω, I knock

ἐστρατεύκαμεν, first person plural, perfect indicative active of στρατεύω, I serve in war

κεχορεύκατον, second and third person dual, perfect indicative active of χορεύω, I dance

E.
1. Second person sigular perfect indicative active:
    ὥρικας
    ηὔξηκας
    πέφυκας

2. First person plural pluperfect indicative active:
    ἐσπάρκεμεν
    ἠκηκόεμεν
    ἐπεφάγκεμεν or ἐπεφήνεμεν

F.
1. we have sowed; they have vomited; you have ground; they-two had driven; I had dug
2. We have indeed admired the girl who has danced well.
3. The young-men who have served in war on behalf of their country are good citizens.
4. We have fought the adversaries of our country but you have remained at home till now.
5. Which guard has set the prisoner free? They will punish him because he has acted against the law.
6. They had captured the land of the enemies before the death of the general.
7. The hospitable woman has kneaded dough, has slaughtered a ram and has prepared a breakfast for the strangers.
8. They have taken by vote a decision on the banishment of the demarch because he has unjustly punished the honourable citizen.
9. You have often offered gifts to Athena and Zeus, but we have never sacrificed to any god.
10. They have set free the captives by reason of the letter which you have sent.

G.
1. πεπνεύκασι(ν), εἰάκεμεν, ἐγηγερκέτην, πεφήνατε, ἐπεφεύγειν
2. ὦ στρατηγέ, ἤγγελκας τὴν τοῦ περὶ ἡμᾶς στρατοῦ νίκην τῷ δήμῳ;
3. ἆρά γε ὥρικας τὸν ὅρον τῆς ἡμετέρας χώρας καὶ τῆς πολεμίας; εἰ ταῦτα πέπραχας, εὖ πέπραγας.
4. ἐζητήκαμεν δὴ λόγον παρὰ τοῦ δεσπότου καίτοι τὴν ἀπόκρισιν οὐκ εἰλήφαμεν.
5. οὗτος ὁ νεανίας τὸ ἔδαφος οὐ πάνυ εὖ ὀρώρυχεν· καταλέλοιπε γὰρ τὸ ἄροτρον τὸ ἀγαθὸν οἴκοι.
6. νῦν δὲ ἐμήμεκε τὸ φάρμακον ὃ κατεπεπώκειν.

7. τὸ σπέρμα ὃ ἐσπείραμεν καρποὺς πολλοὺς ἤδη πέφυκεν.
8. οἱ ἄνθρωποι οἵτινες τοὺς παῖδας εὖ πεπαιδεύκασιν ἄριστοι πολῖται εἰσιν.
9. ἐκ παιδός γε, οὐδένα βέβλαφα· ἔσχηκα γὰρ γοῦν βίον καλὸν ἄχρι ταύτης τῆς ἡμέρας.
10. ἀπεστάλκεμεν δὴ πολλοὺς καὶ ἀνδρείους στρατιώτας τοῖς στρατηγοῖς καίτοι οὐκ ἐξεληλάκασι τοὺς ἐχθροὺς ἐκ τῆς χώρας.

EXERCISE CHAPTER 12

A.
1. κακαῖν
2. ἁπλοῦς
3. ἀργυρᾶ
4. ἐπιτίμου
5. ἡσύχους

B. Parsing:
πλουσίαις, dative feminine plural of πλούσιος, rich
νεκροῖν, genitive/dative masculine/neuter dual of νεκρός, dead
ἀξιόχρεα, nominative/accusative neuter plural of ἀξιόχρεως, noteworthy
γαμηλίους, masculine/feminine accusative plural of γαμήλιος, bridal
ἐρήμη, feminine nominative singular of ἔρημος, desolate

C.
1. the poet is note-worthy; the gods are immortal; war is an evil (or is bad); good men; strength
2. The faithful slave is worthy of praise.
3. Evil men often harm the good,
4. Barbarous people are silly, but civilized men are well-disposed.
5. The traitor of the state is a dishonourable citizen.
6. Wickedness and goodness are opposite.
7. The golden crown is given to the note-worthy general.
8. The just judge did not punish the guiltless young-man; for he was an honourable citizen.

9. The long journey did not frighten the powerful soldiers; for they gladly led an expedition into the enemy's country.
10. In winter, sailing is often difficult for sailors, because the sea and rivers are windy.

D.
1. ὁ τοῦ λιμένος εἴσπλους στενός ἐστιν, τοῖς ἀκάρποις δένδρεσι, τῶν εὔνων πολιτῶν, ἵλεῳ οἱ ἀθάνατοι θεοί, φιλίῳ ξένῳ
2. τὸ μὲν πρόσωπον ἄμορφον εἶχεν ὁ Σωκράτης, τὸν δὲ νοῦν σοφόν.
3. οἱ μακάριοι θεοὶ τοὺς δικαίους (ἀνθρώπους) οὐ κολάζουσιν, ἀλλὰ τοὺς ἀδίκους.
4. ὁ δὲ δήμαρχος ὁ ἔνδοξος τὴν νίκην ἤγγειλε τοῖς ἄθροις πολίταις.
5. ὁ μὲν στρατηγὸς τολμηρός, οἱ δὲ στρατιῶται ἄτολμοι.
6. οἱ πλούσιοι (ἄνθρωποι) καὶ οἱ πενόμενοί τε ὑπὸ τῷ νόμῳ ἴσοι (εἰσίν).
7. οἱ ἄμωμοι (ἄνθρωποι) ἄξιοί εἰσιν ἀθανάτου βίου.
8. πιστοὶ δὲ οἱ δοῦλοι τῷ δήμῳ· ἀπελεύθεροι οὖν ἔσονται ἐν τάχει.
9. ὁ ἄγγελος ὁ ἄπιστος τοῦ παγκάλου δώρου οὐκ ἄξιος ἀλλὰ τοῦ ψόγου.
10. τὸ μὲν εὐσεβὲς τὴν εὐμένειαν τῷ ἔθνει ἐπιφέρει· τὸ δὲ πονηρὸν τὸν ὄλεθρον παρέχει.
11. ἡ βασίλεια ἡμῶν τιμητέα ἡμῖν or τὴν βασίλειαν ἡμῶν τιμητέον ἡμῖν.

EXERCISE CHAPTER 13

A.
1. Present infinitive active:
   ῥίπτειν
   χορεύειν
   παρέχειν
   βαδίζειν
   μένειν

2. Aorist infinitive active:
   κρῖναι
   φῆναι
   λαβεῖν
   πρᾶξαι
   κομίσαι

3. Perfect infinitive active:
   βεβαδικέναι
   φθαρκέναι
   πεφυκέναι
   εἰακέναι
   πεπομφθέναι

4. Aorist participle active:
   σπεύσας, σπεύσασα, σπεῦσαν
   κόψας, κόψασα, κόψαν
   εὑρών, εὑροῦσα, εὑρόν
   βαλών, βαλοῦσα, βαλόν
   φύλαξας, φυλάξασα, φύλαξαν

5. Perfect participle active:
 σπαρκώς, σπαρκυῖα, σπαρκός
 πεπνευκώς, πεπνευκυῖα, πεπνευκός
 ἠγγελκώς, ἠγγελκυῖα, ἠγγελκός
 λελοιπώς, λελοιπυῖα, λελοιπός
 πεφευγώς, πεφευγυῖα, πεφευγός

B. Parsing:
 1.
  φύλαξαι, aorist infinitive active of φυλάσσω (φυλάττω), I guard
  φαγεῖν, second aorist infinitive active of ἐσθίω, I eat
  σχεῖν, second aorist infinitive active of ἔχω, I have
  πεπωκέναι, perfect infinitive active of πίνω, I drink
  πεπληγέναι, perfect infinitive active of πλήσσω, I strike

 2.
  κρύψας, masculine nominative/vocative singular aorist participle active of κρύπτω, I hide
  παθοῦσα, feminine nominative/vocative singular aorist participle active of πάσχω, I suffer
  τεθυκότι, masculine/neuter dative singular perfect participle active of θύω, I sacrifice
  ἐδηδωκότων, masculine/neuter genitive plural perfect participle active of ἐσθίω, I eat
  τεκοῦσαι, feminine nominative/vocative plural second aorist participle active of τίκτω, I beget, bear

C.
 1. accusative singular, φύσαντα
 2. dative plural, κεκρυφυίαις
 3. genitive singular, ἄγοντος
 4. genitive/dative dual, βεβαδικότοιν
 5. nominative/vocative/accusative plural, λύσαντα

D.
 1. to have knocked; to send; those who guard (the guards); she who brings forth (the mother); having drunk; he who sent; those who have written
 2. They came day before yesterday to offer sacrifices to Zeus; for they wished to obtain the favour of the gods.
 3. The general is ever ready to make his army happy; it therefore behooves all the soldiers to obey him always.
 4. Not only we wish to be beggars by not being industrious, we also disgrace our fatherland.

EXERCISE CHAPTER 13

5. Some wanted to set the war-prisoners free, but others to kill them immediately.
6. Having received many gifts, they returned home rejoicing.
7. When those who were present in the market-place had heard of the victory, they raised up their voices in joy praising those who had taken the field (i.e., the soldiers).
8. Does it not behoove us who are Hellenes to honour the Athenians who had defeated the Persians?
9. When the Archon had thus spoken, he dismissed the assembly, and summoned all the generals who were present to the town-hall.
10. To die is inimical both to the rich and poor.

E.

1. ἐδηδοκέναι, πίνειν (πιεῖν), ἀείδειν (ὑμνεῖν), κεχορευκέναι, καθευδήσειν
2. ὁ πέμψας, ὁ τεκών, οἱ ἀναγιγνώκσοντες, γράψαντι, ῥίψας
3. οἱ μὲν τοῦ πλουτεῖν ὀρέγονται, οἱ δὲ τοῦ γνῶναι.
4. κελεύει δὴ ὁ πατὴρ τὸν υἱὸν μὴ κολάζειν τὸν οἰκέτην, ἐπειδὴ πιστὸς καὶ πολύπονος φαίνεται εἶναι.
5. τὸ μὲν σπείρειν λυπηρὸν παντί ἐστιν· τὸ δὲ θερίζειν πολλάκις φαιδρόν.
6. ὁ δὲ Κῦρος παρήγγειλε τοῖς Πέρσαις χωρεῖν πρὸς τοὺς Χαλδαίους οἳ πολεμικώτατοι ἐλέγοντο εἶναι.
7. εἴδομεν δὲ δὴ τὸν οὐρανόθεν καταβάντα.
8. ὁρῶν μὲν αὐτοὺς ὁ Περικλῆς χαλεπαίνοντας πρὸς τὸ παρόν, ἐκκλησίαν τε αὐτῶν οὐκ ἐποίει.
9. Ἀκούσαντες δὲ ταῦτα οἱ στρατεύοντες εἰσέβαλον εἰς τὴν πολεμίαν· νενικηκότες δὲ δὴ τοὺς πολεμίους, ἐπανεχώρησαν πολλὰ ἄγοντες σκῦλα καὶ αἰχμαλώτους.
10. οἱ δὲ πολῖται συλλαβόντες τὸν λῃστὴν τὸν ταράξαντα τοὺς κομίζοντας σῖτα εἰς τὴν ἀγορὰν κατέδησαν.

EXERCISE CHAPTER 14

A.
   1. λεώς
   2. ταώ (ταῶ)
   3. ἕῳ
   4. λαγώ
   5. λεώς
   6. Μίνῳ
   7. γάλων
   8. Μενέλεων
   9. ταῶν
   10. κάλως

B.

	λαγώς	λεώς	ἕως
Nominative	λαγώ	λεώ	ἕως
Vocative	λαγώ	λεώ	ἕως
Accusative	λαγώς	λεώ	ἕω
Genitive	λαγών	λεών	ἕω
Dative	λαγώς	λεών	ἕῳ

C. Parsing:
   Μίνων, accusative of Μίνως, Minos
   γάλω, genitive singular or nominative/vocative/accusative dual of γάλως, sister-in-law
   ταῶ, nominative/vocative plural or dative singular of ταώς, peacock

Ἄθων, accusative of Ἄθως, Mt. Athos
λεώ, genitive singular or nominative/vocative/accusative dual of λεώς, people

D.

1. at dawn, into the temple of the gods, hunting of hares, the pride of a peacock, to the poor people
2. Almost the whole fleet of Darius was destroyed by the North-Wind near Mount Athos.
3. All the coastal cities and islands in the Aegaean sea were tribute-paying-states of Minos, King of Crete.
4. The sister-in-law of Menelaus often gave many gifts to the temples.
5. About dawn, the ruler of the people went into the field around the village hunting hares.
6. Lacedaemon is many stades distant from Persia; the Spartan king did not, for this reason, wish to march against the Persians.
7. Our city is four parasangs distant from the great sea.
8. Having bought the drinking cup for only three drachmas, later he sold it at a great price.
9. For how much did you sell the field?
10. Some of the Greek states often hired out many citizens for talents.

E.

1. ὁ βέβαιος κάλως, πρὸς (τὴν) Κῶ, τοῖς ταῶσι, ἅμ' ἕῳ, ὁ τοῦ λεὼ ἄρχων
2. οἱ λῃσταὶ τὴν ἕω οὐ φιλοῦσιν.
3. ὁ δὲ Μίνως τῆς Κῶ καὶ ἦρχεν.
4. πολλὰ δῶρα ἐδίδοσαν οἱ Αἰγύπτιοι τοῖς τῶν θεῶν νεώς.
5. εἶδεν ἐκ τοῦ ἀνώγεω τὸν λαγὼν ἐν τῇ ἅλῳ.
6. ἀφίσταται ἡ μεγάλη πόλις σχεδὸν εἴκουσιν ἓξ σταδίους ἀπὸ τοῦ Μαραθῶνος.
7. πόσον ἀπέχει ἡ ὑμετέρα κώμη ἀπὸ τῆς θαλάσσης;
8. τὸν ἵππον ἐπωλήσαμεν δραχμῶν ἑκατόν.
9. τὸ πλοῖον οὐ πολλῶν ταλάντων ὠνέεσθαι βούλονται.
10. ὁ στρατηγὸς οὗτος μεγάλης τιμῆς ἄξιός ἐστιν.

EXERCISE CHAPTER 15

A. Present imperative active:

		χορεύω	βλέπω	διδάσκω
Singular	2.	χόρευε	βλέπε	δίδασκε
	3.	χορευέτω	βλεπέτω	διδασκέτω
Dual	2.	χορεύετον	βλέπετον	διδάσκετον
	3.	χορευέτων	βλεπέτων	διδασκέτων

B. Aorist imperative active:

		βάλλω	κτίζω	κρύπτω
Plural	2.	βάλετε	κτίσατε	κρύψατε
	3.	βαλόντων	κτισάντων	κρυψάντων

C. Parsing:
ἐνέγκατε, second person plural aorist imperative active of φέρω, I bring
κλεψάντων, third person plural aorist imperative active of κλέπτω, I steal
ἐλπιζέτω, third person singular present imperative active of ἐλπίζω, I hope
φύλαξον, second person singular aorist imperative active of φυλάσσω (φυλάττω), I guard (I keep watch)
πωλησάτων, third person dual aorist imperative active of πωλέω, I sell

D.
   1. Second person singular present imperative active:
      βάλλε
      φέρε

EXERCISE CHAPTER 15

θάλπε
φρόντιζε
ἄνοιγε

2. Third person plural aorist imperative active:
φυγόντων
χωρησάντων
γελασάντων
βαδισάντων
λιπόντων

E.

1. a) Let them go down.
   b) Let the two upset the seat.
   c) Eat and drink.
   d) Cast a hook into the sea.
   e) Do not lift up the load (burden).
2. Bring the horses under the yoke and lead them into the field.
3. Do not give the sword to him.
4. Do not punish my son unjustly.
5. Conceal your misfortunes lest you (in order not to) gladden your enemies.
6. Order the citizens to keep quiet and guard the gates.
7. Come as soon as possible to the ships that we may set sail.
8. Learn from me and you shall be prudent.
9. Be not afraid, but speak, O faithful servant.
10. Cheirisophus replied, Look towards the mountains and see how inaccessible they are all.

F.

1. a) δότε μοι τὰ χρήματα.
   b) μεριμνᾶτε τοῖς τέκνοις ὑμῶν.
   c) ἀναβλέψατε
   d) ἀκολούθησον τῷ δεσπότῃ.
   e) τὰ ὑπάρχοντα τὰ κρυπτὰ εὑρέ.
2. ὁμοίωσον τὸν πατέρα τῷ ἄρχοντι.
3. εἰπὲ ἡμῖν τοὺς τοῦ στρατηγοῦ λόγους.
4. λαβὲ τὴν δρεπάνην, ὕπαγε εἰς τὸν ἀγρὸν καὶ τὰ σιτία θέρισον.
5. εἰσένεγκε τοὺς πρέσβεις εἰς τὴν τοῦ βασιλέως ξενόστασιν καὶ σιτία καὶ ποτὰ δός.
6. μὴ θησαυρίζετε ἅπαντας τοὺς ὑμῶν θησαυροὺς ἐπὶ τῆς ἀποθήκης ἐκείνης.
7. εὐσέβει τὰ πρὸς τοὺς θεοὺς μὴ μόνον θύων, ἀλλὰ καὶ τοῖς ὅρκοις ἐμμένων.

8. Ἃ ποιεῖν αἰσχρόν, ταῦτα νόμιζε μηδὲ λέγειν εἶναι καλόν.
9. τὰς ἡδονὰς θήρευε τὰς μετὰ δόξης.
10. Στέργε μὲν τὰ παρόντα, ζήτει δὲ τὰ βελτίω.

EXERCISE CHAPTER 16

A.
1. αἰδοῦς
2. σύας, σῦς
3. ἠχοῖ
4. δακρύων
5. δμωές

B.

	τὸ δάκρυ	ὁ πέλεκυς	ἡ φρόνησις
N	τὼ δάκρυε	οἱ πελέκεις	ἡ φρόνησις
V	ὦ δάκρυε	ὦ πελέκεις	ὦ φρόνησι
A	τὼ δάκρυε	τοὺς πελέκεις	τὴν φρόνησιν
G	τοῖν δακρύσιν	τῶν πελέκεων	τῆς φρονήσεως
D	τοῖν δακρύσιν	τοῖς πελέκεσι(ν)	τῇ φρονήσει

C. Parsing:
πελέκεως, genitive singular of πέλεκυς, -εως masculine, axe
ὕβριν, accusative singular of ὕβρις, -εως, feminine, insolence
συσί(ν), dative plural of σῦς, -ος, masculine/feminine, pig
μάντεσι, dative plural of μάντις, -εως, masculine, prophet
πρέσβυ, vocative singular of πρέσβυς, -εως, masculine, old man

D.
1. A wise man seeks for reverence, but the foolish for the sake of money despises it.

EXERCISE CHAPTER 16

2. The ambassadors (old men) praise the obedience of the citizens.
3. Young men love force, but old men persuasion.
4. When there was sedition, the rulers fled from the city (state).
5. Honour your parents because they are worthy of reverence.
6. The heroes of Lacedaemon will always be admired by the human race.
7. In the cities of the Persians, the rulers admired brave young men.
8. And some of the fishermen came in a boat, drawing the net full of fishes.
9. When the citizens in the city shouted, all the enemies fled into the field.
10. Having presaged the defeat, the seer fled from the town by night, without the knowledge of anyone.

E.
1. τοῖν ἡρώοιν
2. τοῖς σινάπεσι(ν)
3. ἐκ τῆς ἠχοῦς
4. τοῖς δμῶσι [δμώεσσι(ν)]
5. ὦ ἄστη
6. τοῖς (ταῖς) θωσί
7. ἐκ τῶν δρυῶν
8. ὁ τῶν Ἀθηνῶν πρύτανις
9. τῆς τοῦ Σωκράτους φρόνεως
10. ὕβρει

F.
1. οἱ μαθηταὶ θαυμάζουσι τὴν τοῦ σοφιστοῦ φρόνιν.
2. πελέκει ὁ θηρευτὴς τὴν τίγριν ἀποκτείνει.
3. ἐκεῖνοι οὖν λαβόντες τοὺς στρατιώτας, οἳ ἐν τῇ ἀγορᾷ ἔτυχον ὄντες, βίᾳ ἔπαυσαν τὴν ἐν τῷ ἄστει στάσιν.
4. τίμα τὸν γέροντα· τὸ γὰρ γῆρας αἰδοῦς ἄξιόν ἐστιν.
5. τὴν τοῦ πρυτάνεως ὕβρισιν, οἱ πολῖται ἐχθαίρουσιν.
6. τὴν ἄμπελόν τε καὶ δρῦν οἱ γεωργοὶ ἐπαινοῦσιν.
7. ἡ τῆς μαθήσεως ἐπιθυμία ἐστὶν ἀρχὴ τῆς φρονήσεως.
8. ἐθήρευε ὁ δμὼς τὸν θῶα ἐγγὺς ταῖς δρυσίν.
9. ἡ δὲ ἀπόστασις πρὸς τοὺς πρυτάνεις ἔπλησε πᾶσαν τὴν πόλιν συγχύσεως.
10. πάντων μὲν ἐπιμελοῦ τῶν περὶ τὸν βίον, μάλιστα δὲ τὴν σαυτοῦ φρόνησιν ἄσκει.

EXERCISE CHAPTER 17

A. Present subjunctive active:

	κλέπτω	λαμβάνω	πείθω
1.	κλέπτ-ω	λαμβάν-ω	πείθ-ω
2.	κλέπτ-ῃς	λαμβάν-ῃς	πείθ-ῃς
3.	κλέπτ-ῃ	λαμβάν-ῃ	πείθ-ῃ

B. Aorist subjunctive active:

	παύω	φεύγω	θησαυρίζω
2.	παύσ-ητον	φύγ-ητον	θησαυρίσ-ητον
3.	παύσ-ητον	φύγ-ητον	θησαυρίσ-ητον

C. Aorist subjunctive active:

	μανθάνω	βαστάζω	κρύπτω
1.	μάθ-ωμεν	βαστάσ-ωμεν	κρύψ-ωμεν
2.	μάθ-ητε	βαστάσ-ητε	κρύψ-ητε
3.	μάθ-ωσι(ν)	βαστάσ-ωσι(ν)	κρύψ-ωσι(ν)

D. Parsing:

πράξωσι(ν), third person plural, aorist subjunctive active of πράττω (πράσσω), I do

ποιήσωμεν, first person plural, aorist subjunctive active of ποιῶ (ποιέω), I make τινάσσητε, second person plural, present subjunctive active of τινάσσω, I shake

κρύψητον, second and third person dual, aorist subjunctive active of κρύπτω, I hide

μάθῃς, second person singular, aorist subjunctive active of μανθάνω, I learn

E.
1. Third person singular present subjunctive active:
   θηρεύῃ
   φροντίζῃ
   πίνῃ
   πέμπῃ
   διαβάλλῃ
2. Second person plural aorist subjunctive active:
   χωρήσητε
   χορεύσητε
   διδάξητε
   θερίσητε
   γράψητε

F.
1. a) Come, let us go hunting.
   b) Do not conceal the treasure.
   c) Whither shall we flee?
   d) Let us retire (give way).
   e) See to it that they learn.
2. We do not want to travel out hungry lest we faint in the way.
3. Do not be surprised, Philip, that I am going to begin with the discourse which I have written about Amphipolis.
4. Let us send envoys to the enemy to suspend (that they may put an end to) hostilities.
5. Let us go over to the next city in order to get food.
6. If the Athenians do not want to ship a return cargo of goods, there is good traffic in exporting silver; for wherever they sell it, they make a profit on the capital.
7. Do not bear false witness in order to obtain this money.
8. We are at a loss what to do, for the adversaries are ready to invade our land and we have no weapons.
9. It is good for children to remain as trustworthy as their parents that they may always preserve the family's honour.
10. The Persian horsemen kill whomsoever of the Greeks they see.

EXERCISE CHAPTER 17

G.
1. a) ἐρωτῶ ἵνα πάντες ἓν ὦσι.
   b) ἄγωμεν
   c) τίνα πέμψωμεν;
   d) φέρε, κλείσωμεν τὴν θύραν.
   e) ἃ ἂν σοὶ ἐπιτέλλῃ, ποίει.
2. ὦ φύλακες, ἀρκεῖσθε τοῖς ὀψωνίοις ὑμῶν καὶ μηδένα διασείσητε.
3. ἐμοὶ δ' οὖν προσήκει τοῦτο ποιεῖν ἵνα παύσωμεν τῆς πρὸς ἡμᾶς αὐτοὺς φιλονικίας καὶ κοινῇ τοῖς βαρβάροις πολεμήσωμεν.
4. παύσωμεν τὴν τυραννίδα ἵνα καταστῶμεν τὴν δημοκρατίαν.
5. μὴ φύγῃς, ὦ βασιλεῦ, ἐκ τῆς χώρας, ἀλλὰ πολλοὺς φύλακας σχές ἵνα ἀσφαλὴς ᾖς.
6. δέσποτα, τί ποιήσωμεν ὅπως τοῖς τῆς πόλεως πτωχοῖς βοηθήσωμεν;
7. τοῦ κινδύνου παρόντος, λέγωμεν ἢ σιωπῶμεν;
8. ἐὰν δὴ δικαίως ζῇς, διαφυλάξει σε ὁ θεὸς ὅπως μὴ τυγχάνῃς τοῦ κακοῦ.
9. ὃς ἂν ταῦτα λέγῃ, τοῦτον δεῖ ἡμᾶς ἐχθρὸν νομίζειν τῇ πόλει.
10. ἐπειδὰν εἰσίῃς εἰς τὸ δῶμα, κλεῖσον τὴν θύραν.

EXERCISE CHAPTER 18

A.
1. βασιλῆς or βασιλεῖς
2. Ἀράβων
3. ὄρνιθι
4. κήρυκας
5. συγγραφέως
6. γυψί(ν)
7. λέον

B.

	ὁ συγγραφεύς	ἡ ὤψ	τὸ ὄμμα	ὁ θώραξ
Nominative	οἱ συγγραφεῖς	ἡ ὤψ	τὰ ὄμματα	τὼ θώρακε
Vocative	ὦ συγγραφεῖς	ὦ ὤψ	ὦ ὄμματα	ὦ θώρακε
Accusative	τοὺς συγγραφέας	τὴν ὦπα	τὰ ὄμματα	τὼ θώρακε
Genitive	τῶν συγγραφέων	τῆς ὠπός	τῶν ὀμμάτων	τοῖν θωράκοιν
Dative	τοῖς συγγραφεῦσι(ν)	τῇ ὠπί	τοῖς ὄμμασι(ν)	τοῖν θωράκοιν

C. Parsing:
βασιλεῦσι(ν), dative plural of βασιλεύς, -εως, masculine, king
Ἄραβος, genitive singular of Ἄραψ, masculine, Arab
κτήμασι(ν), dative plural of κτῆμα, -ατος, neuter, a possession

σάρκα, accusative singular of σάρξ, -κός, feminine, flesh
γιγάντοιν, genitive and dative dual of γίγας, -αντος, masculine, giant

D.
1. For fear of the invasion of the enemy, all the citizens in the town fled.
2. The king was in no wise afradi, for he had faithful watchmen.
3. A smith is at enmity with a smith and a fisher with a fisher.
4. The giant's name was Polyphemus, and he had one eye.
5. The teeth of lions are white, but their minds are evil to other wild beasts.
6. The vultures have eaten the flesh of the lion that fell down from the rock.
7. After this, on the third or fourth day, on the instruction of Croesus, some servants took Solon round the treasures.
8. When Cyrus with a great host of cavalry had arrived before Babylon, he stationed his whole force about the city.
9. At yesterday eve, we and the ambassadors from Persia ate the same food; we also drank the same drink.
10. Robbers love long nights but husbandmen do not praise them.

E.
1. a) ὁ τοῦ βασιλέως θεράπων
   b) τῷ τοῦ στρατεύματος φύλακι
   c) διὰ τὴν λαίλαπα
   d) εἰς τὸ τοῦ δράκοντος στόμα
   e) τῇ ἀσπίδι καὶ τῷ θώρακι
   f) οἱ τοῦ χάλυβος φλέβες εἰσὶ τῇ χώρα
   g) τοῖς ὀδοῦσιν
   h) ἔρχεται μετὰ λαμπάδων
   i) εἰς τὰ τοῦ ὄρνιθος ὄμματα
   j) τοῖς ὄνυξιν ὁ λέων τὸν βοῦν ἀποκτείνει.
2. a) θαραλέως σχές, ὦ νεανία, πολεμίζων τοῖς ἐχθροῖς ὑπὲρ τῆς πατρίδος.
   b) ἐκεῖνος ὁ γεωργὸς πολλοὺς ἵππους τε καὶ βοῦς ἔχει.
   c) τοῖς ἀγαθοῖς φύλαξί τε καὶ συγγραφεῦσιν, οἱ πολῖται χάριν ἔχουσιν.
   d) τοῖς Ἀραψίν ἐστιν ἔρημος χώρα· οὖν δὴ τὰ σιτία ἱκανὰ οὐκ ἔχουσιν.
   e) ἐχάλκευσε δ' ὁ χαλχεὺς τὴν κόρυθά τε καὶ θώρακα τῷ ἱππεῖ.

f) ἡμεῖς μὲν ἀεὶ τοὺς δράκοντας ἀπωλέσαμεν· ὑμεῖς δὲ καὶ τὸν κώνωπα οὐδέποτε ἀπεκτόνατε.
g) ἐκεῖνος δὴ ὁ πανδοκεὺς καταψύχει τὴν γλῶσσαν παντὸς ὁδοιπόρου ὅστις ὀδυνᾶται ἐν τῷ τοῦ ἡλίου καύματι.
h) ἦν δὲ τῷ φύλακι ῥομφαία ὀξεῖα, ἵνα ἐν αὐτῇ πατάξειε ὅντινα τὸν ἄρχοντα προσβαλῷ.
i) φαίνεται γὰρ ἡ νῦν Ἑλλὰς καλουμένη οὐ πάλαι βεβαίως οἰκουμένη· πρὸ γὰρ τῶν Τρωικῶν, τοὔνομα τοῦτο οὐδέ πω εἶχεν ἡ Ἑλλὰς πᾶσα.
j) ὁ δ' Ἀχιλλεὺς καὶ οἱ μετὰ αὐτοῦ πρῶτοι Ἕλληνες ἦσαν· οὗτοι γὰρ ἐπίγονοι τοῦ Ἕλληνος ἐκ τῆς Φθιώτιδος ὑπῆρχον.

EXERCISE CHAPTER 19

A. Present optative active:
   τήκω   λαμβάνω   βάπτω

1. τήκοιμι   λαμβάνοιμι   βάπτοιμι
2. τήκοις   λαμβάνοις   βάπτοις
3. τήκοι   λαμβάνοι   βάπτοι

B. Aorist optative active:
   φεύγω   παύω   πέμπω

1. φύγαιμεν   παύσαιμεν   πέμψαιμεν
2. φύγαιτε   παύσαιτε   πέμψαιτε
3. φύγειαν   παύσειαν   πέμψειαν

   or
   φύγαιεν   παύσαιεν   πέμψαιεν

C. Future optative active:
   βλάπτω   εὑρίσκω   φονεύω

2. βλάψοιτον   εὑρήσοιτον   φονεύσοιτον
3. βλαψοίτην   εὑρησοίτην   φονευσοίτην

1. βλάψοιμεν   εὑρήσοιμεν   φονεύσοιμεν
2. βλάψοιτε   εὑρήσοιτε   φονεύσοιτε
3. βλάψοιεν   εὑρήσοιεν   φονεύσοιεν

EXERCISE CHAPTER 19

D. Perfect optative active:

	κλέπτω	κρύπτω	φυλάσσω
1.	κεκλόφοιμι	κεκρύφοιμι	πεφυλάχοιμι
2.	κεκλόφοις	κεκρύφοις	πεφυλάχοις
3.	κεκλόφοι	κεκρύφοι	πεφυλάχοι

E. Parsing:
μάθοιεν, third person plural, aorist optative active of μανθάνω, I learn
ἐξαγγείλειας, second person singular, aorist optative active of ἐξαγγέλλω, I report, send out tidings
κλεψοίτην, third person dual, future optative active of κλέπτω, I steal
φάγοιμεν, first person plural, aorist optative active of ἐσθίω, I eat
καθευδήσοιτε, second person plural future optative active of καθεύδω, I sleep

F.
1. Second person singular aorist optative active:
   ἀγορεύσειας
   μείνειας
   φάγοις
   βλάψειας
   τύψειας

2. First person plural perfect optative active
   πεπώκοιμεν
   νενεμήκοιμεν
   ἐληλάκλοιμεν
   τετείκοιμεν
   τετμήκοιμεν

3. Third person plural present optative active:
   θησαυρίζοιεν
   πείθοιεν
   λαμβάνοιεν
   γηράσκοιεν
   λανθάνοιεν

4. Third person singular future optative active:
   στεγάσοι
   σπαργανώσοι
   πλέξοι
   ἀνοίξοι
   ἐξάξοι

G.
1. a) O that they may not die.
   b) May they not be unjust.
   c) Would that it be well with you (May it be well with you).
   d) Would that you were brave, O children, like your fathers.
   e) Is it possible that one would willingly injure himself? (or Can one willingly injure himself?
   f) They arrived about dawn.
   g) How could we perish?
   h) They asked how much was the money.
   i) Near Corinth.
   j) O if they would come (Would that they should come).
2. If they were to win, they would rejoice.
3. The barbarians sent ambassadors in order to persuade the magistrates.
4. We did this in order to receive praise from the ruler.
5. When he had replied that those things were true, we voted to give help as quickly as possible.
6. He did this so that no one might know of the theft.
7. When they had heard that the enemy cavalry were already in in the city, they retreated.
8. They were in doubt how they would (how to) enter the town.
9. The warden punished the boys severely if any one misbehaved.
10. If they were to practise this they would more easily climb hills and more safely descend steep inclines.

H.
1. a) Εἴθε φίλοι ἡμῖν γένοιντο.
   b) τί ἂν ἔχειν βουλοίμεθα;
   c) ἐβουλεύετο ὅπου σταίη (or στῇ).
   d) οἱ περὶ Περικλέα.
   e) μή μοι εἴη φίλος μόνον λόγῳ.
   f) ἔλεγεν ὅτι γράψοι (or γράψει).
   g) οὐκ ἂν ἀκούσαιμεν.
   h) ἐλεύθερος εἴη.
   i) εἴθε μὴ ἔλθοι.
   j) ἔφη ὅτι ἐγὼ βεβλάφοιμι (or βέβλαφα) τὸ τέκνον.
2. οὐκ ᾔδει εἰ ἡμεῖς φίλοι ἢ πολέμιοι εἶμεν.
3. ἔδυκε δ' αὐτῷ ὁ Λυκοῦργος καὶ τῶν ἡβώντων μαστιγοφόρους, ὅπως τιμωροῖεν ὅτε δέοι.

4. ἔθηκε τῆς ἴλης ἑκάστης τὸν τορώτατον τῶν εἰρένων ἄρχειν ὡς μηδ' ἔρημοι οἱ παῖδες ἄρχοντα εἶεν.
5. εἴπερ γε ἐπιστήμων εἴη τῇ ἀληθείᾳ τούτων πέρι, ἅπερ καὶ μιμεῖται, πολὺ πρότερον ἐν τοῖς ἔργοις ἂν σπουδάσειεν ἢ ἐπὶ τοῖς μιμήμασιν.
6. εἰ ἀγαθὸς εἴη τέκτων, τὰς ἀγαθὰς κλίνας τε καὶ τραπέζας ποιοίη ἄν.
7. a) ἴσμεν γὰρ δὴ ὅτι τὸ τῶν θεῶν κρῖμά ἐστιν ἀεὶ ἐπὶ τοὺς τὰ κακὰ πράττοντας.
b) ὁ δὲ στρατηγὸς ἠρώτησε τοὺς στρατιώτας τί βούλοιντο.
8. a) ὁ τύρρανος οὖν ἠρώτησε τὸν βασιλέα εἰ ἐθέλοι βοηθεῖν τοῖς ἐν Ἀσίᾳ οἰκοῦσιν Ἕλλησιν.
b) οἱ βάρβαροι, ὅντινα ἐν τῷ στρατοπέδῳ εὕροιεν πάντας ἀπέκτειναν.
9. a) πᾶσα γὰρ ἡ ἐκκλησία ἐπείθετο ὅ, τι ὁ βασιλεὺς κελεύοι.
b) ταῦτα δὲ ἔπραξεν ὁ στρατηγὸς ὅπως μηδεὶς ἐξαγγείλειε τὸν πλοῦν τοῖς πολεμίοις.
10. a) ἀπεκρίνατο ὅτι τὼ στρατηγὼ οὐ παρείτην.
b) ὁ δὲ Σόλων, φοβούμενος μή, εἰ ἐπιδημοίη, οἱ τῶν Ἀθηνῶν πολῖται, βούλοιντο ἂν αὐτὸν μετατιθέναι ἔνια τῶν καταστ αθέντων ἀπεδήμει πολλὰ ἔτη.

EXERCISE CHAPTER 20

A.
1. πατέρων
2. αἰῶνες
3. μητρί
4. δαίμονας
5. ἀγῶνος
6. ἀδνράσι(ν)
7. Ἡρακλεῖς
8. γενοῖν

B.

	ὁ ῥήτωρ	ὁ πατήρ	ὁ ἀνήρ	ὁ κίων
Nominative	οἱ ῥήτορες	ὁ πατήρ	ὁ ἀνήρ	οἱ κίονες
Vocative	ὦ ῥήτορες	ὦ πάτερ	ὦ ἄνερ	ὦ κίονες
Accusative	τοὺς ῥήτορας	τὸν πατέρα	τὸν ἄνδρα	τοὺς κίονας
Genitive	τῶν ῥητόρων	τοῦ πατρός	τοῦ ἀνδρός	τῶν κιόνων
Dative	τοῖς ῥήτορσι(ν)	τῷ πατρί	τῷ ἀνδρί	τοῖς κίοσι(ν)

	ἡ τριήρης	ὁ Ἡρακλῆς	τὸ στέλεχος
Nominative	ἡ τριήρης	ὁ Ἡρακλῆς	τὸ στέλεχος
Vocative	ὦ τριῆρες	ὦ Ἡράκλεις	ὦ στέλεχος

Accusative	τὴν τριήρη (ε-α)	τὸν Ἡρακλέα τὸ στέλεχος
Genitive	τῆς τριήρους (ε-ος)	τοῦ Ἡρακλέους τοῦ στελέχους
Dative	τῇ τριήρει (ε-ι)	τῷ Ἡρακλεῖ τῷ στελέχει

C. Parsing:

θυγατέρας, accusative plural of θυγατήρ, feminine, daughter
αἰῶσι, dative plural of αἰών, αἰῶνος, masculine, age
δελφίνων, genitive plural of δελφίς, δελφῖνος, masculine, dolphin
θηροῖν, genitive and dative dual of θήρ, θηρός, masculine, wild beast
στελέχη, nominative, vocative or accusative of στέλεχος, στελέχους, neuter, stump

D.
1. a) A piece of meat without salt
   b) He pours out wine from a mixing-bowl.
   c) Into the nostrils (or noses)
   d) To the leaders of the people
   e) He lived with Demosthenes.
   f) Let him pay the debts.
   g) The generals with me
   h) The messenger from the ruler
   i) They marched against the enemy.
   j) He was hated by all (or all the people).
   k) The town having been conquered, the enemy rejoiced.
2. They fled from Lacedaemon to Corinth.
3. Friend, abide with us till dawn, for we shall go together to the city tomorrow.
4. Spartan young men took delight in contest.
5. Demosthenes had a yearning for the business of government, but Socrates for wisdom.
6. Well-born sons and daughters will always be grateful to their fathers and mothers.
7. a) Aristeides the Just was never well-disposed to Themistocles, the unjust general.
   b) The Corinthians were the first among the Greeks to build a trireme.
8. a) According to the learned men of ancient Egypt, the gods were once sovereign in the human race (or rulers among men).
   b) The moon and stars are useful to (both) men and wild-beasts.
9. a) In the land of the barbarians, we saw a man sitting upon a horse having three heads.
   b) Really, the soldiers and not the orators were the preservers of the country.
   c) The father is a Theban but the mother a Spartan.

10. a) Having seen this, the Greeks became fainthearted; for they did not trust the leaders whom the enemy had sent.
b) The daughters do not eat with their father but with their mother.
c) When Periander was the tyrant of Corinth, Arion and Methymna rode on dolphin back to Taenarus (or was conveyed on a dolphin's back to Taenarus).
11. The victory of the Syracusans having now proved decisive by sea also, the Athenians were in utter despondency.

E. 1. a) ἀφίκοντο παρὰ βασιλέα
   b) οἱ παρ' ὑμῖν παῖδες
   c) πρὸς νότον ἴασιν.
   d) τὸν λύχνον ὑπὸ τὴν τράπεζαν τίθησιν.
   e) τοὺς ἀθέρας (στάχυας) τίλλειν.
   f) εἶδον γὰρ τὸ ἐν τῇ ἀνατολῇ ἀστέρα.
   g) τῇ ἑαυτοῦ μητρί τε καὶ θυγατρί
   h) ἡ τοῦ ποιμένος ποίμνη
   i) ὁ δὲ βοῦς τοῖς κέρασιν (or μετὰ κερῶν) ἀπέκτεινεν τὸν ἄνδρα.
   j) ἡ μήτηρ τὴν τῆς θυγατρὸς καλὴν ῥῖνα θαυμάζει.
2. Δεῦτε φίλοι, διδῶμεν τὴν δόξαν τοῖς Ἕλλησι τοῖς πάλαι· ἦσαν γὰρ πρόδρομοι τῆς νῦν μαθήσεως.
3. αἱ Μοῦσαι ἦσαν τοῦ Διὸς θυγατέρες καὶ τοῦ δράματός τε καὶ μουσικῆς θεαί.
4. ἄμεινόν σοι εὐσεβεῖν καὶ πένεσθαι ἢ πλουτεῖν ἀλλὰ κακουργεῖν.
5. οἱ τῶν Ἀθηνῶν πολῖται εὔνοι τοῖς ῥήτορσιν ὑπῆρχον.
6. κατὰ δὲ τὸν τῶν ἀρχαίων Ἑλλήνων μῦθον, οἱ βασιλῆς Ἡρακλέους ἔκγονοι ἦσαν.
7. τοῦ πατρὸς ἀποθανόντος τούτῳ τῷ τρόπῳ ἠπόρουν αἱ θυγατέρες.
8. οἱ γὰρ Ἕλληνες τὸ πάλαι καὶ τῶν βαρβάρων ὅσοι νήσους εἶχον ἐτράποντο πρὸς λῃστείαν ἡγουμένων ἀνδρῶν οὐ τῶν ἀδυνατωτάτων.
9. a) ὁ μὲν ἀνὴρ ἐκεῖνος ἔκαυσε τοὺς ἀθέρας, οἱ δὲ θῆρες ὁρῶντες τὸ πῦρ ἔφυγον.
   b) Δημοσθένη τε καὶ τῶν ἄλλων ῥητόρων, οἱ Ἀθηναῖοι ἐθαύμασαν.
   c) ὑπὸ δὲ χιόνος πολλῆς παρὰ τῷ λιμένι, οὐκ ἀπέπλευσε τὰ πλοῖα.
10. a) οἱ πολῖται Ἀριστείδην, τὸν θρασὺν ἡγήτορα καὶ τῆς πόλεως σωτῆρα ἐπῄνεσαν.
   b) οἱ δὲ θῆρες ὑπὸ νύκτα ἐφόβησαν τοὺς ποιμένας· οἱ δ' οὖν ἀποδράντες τὴν ποίμνην κατέλιπον.
   c) ὁ γὰρ ἔβαψε τὸ ἄκρον τοῦ δακτύλου αὐτοῦ ὕδατος καὶ τὴν γλῶσσάν μου κατέψυξεν.

EXERCISE CHAPTER 21

A. Present indicative passive:

	ἐλαύνω	πορίζω	θύω
1.	ἐλαύνομαι	πορίζομαι	θύομαι
2.	ἐλαύνῃ or -ει	πορίζῃ or -ει	θύῃ or -ει
3.	ἐλαύνεται	πορίζεται	θύεται

	φαίνω	τρέφω	τρίβω
1.	φαινόμεθα	τρεφόμεθα	τριβόμεθα
2.	φαίνεσθε	τρέφεσθε	τρίβεσθε
3.	φαίνονται	τρέφονται	τρίβονται

B. Imperfect indicative middle:

	πλέκω	τείνω	σπείρω
1.	ἐπλεκόμην	ἐτεινόμην	ἐσπειρόμην
2.	ἐπλέκου	ἐτείνου	ἐσπείρου
3.	ἐπλέκετο	ἐτείνετο	ἐσπείρετο

	λέγω	τρέπω	πράσσω
1.	ἐλεγόμεθα	ἐτρεπόμεθα	ἐπρασσόμεθα
2.	ἐλέγεσθε	ἐτρέπεσθε	ἐπράσσεσθε
3.	ἐλέγοντο	ἐτρέποντο	ἐπράσσοντο

C. Perfect indicative passive:

	κλίνω	παύω	φαίνω
1.	κέκλιμαι	πέπαυμαι	πέφασμαι
2.	κέκλισαι	πέπαυσαι	πέφανσαι
3.	κέκλιται	πέπαυται	πέφανται

	πείθω	πλέκω	ὑφαίνω
1.	πεπείσμεθα	πεπλέγμεθα	ὑφάσμεθα
2.	πέπεισθε	πέπλεχθε	ὕφανθε
3.	πεπεισμένοι εἰσί(ν)	πεπλεγμένοι εἰσί(ν)	ὑφασμένοι εἰσί(ν)

D. Pluperfect indicative passive:

	φθείρω	κρίνω	τρέφω
1.	ἐφθάρμην	ἐκεκρίμην	ἐτεθράμμην
2.	ἔφθαρσο	ἐκέκρισο	ἐτέθραψο
3.	ἔφθαρτο	ἐκέκριτο	ἐτέθραπτο

	διδάσκω	ἀγγέλλω	λείπω
1.	ἐδεδιδάγμεθα	ἠγγέλμεθα	ἐλελείμμεθα
2.	ἐδεδίδαχθε	ἤγγελθε	ἐλέλειφθε
3.	δεδιδαγμένοι ἦσαν	ἠγγελμένοι ἦσαν	λελειμμένοι ἦσαν

E. Parsing:

πορίζονται, third person plural, present indicative passive of πορίζω, I provide

ἐφθειρόμεθα, first person plural, imperfect indicative passive of φθείρω, I ruin

τέτυφθον, second or third person dual, perfect indicative passive of τύπτω, I strike

ἐπέπλεκτο, third person singular, pluperfect indicative passive of πλέκω, I weave

λελείψονται, third person plural future perfect indicative middle of λείπω, I leave

F.

1. Second person plural present indicative passive:
   ὀξύνεσθε
   ῥίπτεσθε
   λέγεσθε

2. Third person plural imperfect indicative passive:
   ἐφύοντο
   ἐλούοντο
   ἐσπείροντο

3. First person plural perfect indicative passive:
   πεφάσμεθα
   ἐρρίμμεθα
   ὡρίσμεθα

4. Third person singular pluperfect indicative passive:
   ἔρριπτο
   ἠλήλατο
   ἐπεπόριστο

5. Second person singular future perfect indicative middle:
   λελείψῃ (-ει)
   πεπαύσῃ (-ει)
   μεμνήσῃ (-ει)

G.
   1. The huntress killed the lion.
      ὁ λέων ὑπὸ τῆς κυνηγέτιδος ἀπέκτατο.
   2. Demosthenes the orator detested Philip, the King of Macedon.
      ἠχθαίρετο δὲ δὴ ὁ Φίλιππος, ὁ τῆς Μακεδονίας βασιλεὺς ὑπὸ τοῦ Δνμοσθένους τοῦ ῥήτορος.
   3. All the citizens extol the king and the queen.
      ὁ βασιλεὺς καὶ ἡ βασίλεια ἐγκωμιάζεσθον πρὸς τῶν πολιτῶν ἁπάντων.
   4. This woman has woven the beautiful robe.
      τὸ καλὸν ὕφασμα ὑπὸ τῆς γυναικὸς ταύτης ὕφανται.
   5. Socrates, according to the accusers, was corrupting the young-men of the city.
      οἱ τῆς πόλεως νεανίαι, κατὰ τοὺς κατηγόρους, διεφθείροντο πρὸς τοῦ Σωκράτους.

H.
   1. Passive sense:
      a) They have been thrown
      b) You had been separated
      c) They have been provoked to anger
      d) He was stricken, or he was being stricken
      e) They have been sent into a far country
      f) We had been set free
      g) The boy shall have been left

2. Middle sense:
   a) The wind has left off blowing.
   b) We have therefore completed the fortification for ourselves.
   c) He has turned to piracy.
   d) The army was in fact gathering (itself) together before Cyrus.

I.
1. This (man) was said to be by far the wisest of the men in the city.
2. The senseless women wore (were wearing) out their beautiful garments, but the prudent men guarded their iron arms.
3. Some were being pursued by the barbarians, and others were getting ready weapons for themselves.
4. You were always angry with your native land, but we never blamed the magistrates.
5. a) Orestes, the son of Agamemnon, was closely pursued by the Erinyes (Furies) for the murder of his mother.
   b) This was always heard but it was not believed.
6. a) In the colony, we have built for ourselves a house, and the plants that have been planted have grown.
   b) The Athenians were educated (or were being educated) in this manner, thus they had acquired the greatest fame for wisdom.
7. The pupils are punished for uncleanness; for they do not often wash their hands when they eat bread.
8. a) We cannot enter the house, for the door has already been shut.
   b) The truce has already broken down; for an army has been led into the plain by the enemy.
9. Some have been beleaguered in the town and others have been seized at the gate.
10. a) We who have been educated are very much different from the uneducated.
    b) Olympic contest was very much admired by the Greeks of old.

J.
1. a) λελούμεθα
   b) τὰ σιτία καὶ ποτὰ πεπορισμ.ένοι εἰσίν.
   c) διελέγοντο ἐν τῇ ἀγορᾷ
   d) ἐκελεύετο
   e) ἡγόμην
   f) κεκώλυνται
   g) ἐπέμπου
   h) ἐθύοντο οἱ ἵπποι τῷ ἡλίῳ.

i) τὼ παῖδε πεπαίδευσθον.
j) τὸ καλὸν ὑπὸ πάντων θαυμάζεται.
k) πολλοὶ νεῷ τοῖς θεοῖς ἵδρυντο.
l) χαλεπόν τι φαίνεται εἶναι τὸ εὖ ἄρχειν.

2. ἡμεῖς μὲν κεκωλύμεθα ὑπὸ τῶν πολεμίων, ὑμεῖς δὲ τὰ ὅπλα οὐ παρεσκεύασθε βοηθεῖν.
3. τοῦτο γὰρ ἀεὶ ἐκελεύετο· σὺ δὲ οὐκ ἐπείθου.
4. τὸ μὲν ἡμέτερον ἄστυ ἤδη τετείχισται· ὑμεῖς δὲ οὔπω τὸ τεῖχος περιβέβλησθε τὴν πόλιν.
5. ἐλέγετο δὲ ὅτι ἡ Ἑλλὰς εἰσεβάλλετο πολλάκις ὑπὸ τῶν Περσῶν τε τῶν συμμάχων αὐτῶν τε.
6. οἱ μὲν στρατηγοὶ δεδούλωνται ἅπαντας τοὺς πολίτας· οἱ δὲ οὖν ἀνδρείως κατὰ τῶν ἀρχόντων αὐτῶν μάχονται.
7. τὼ παῖδε ἐτυπτέσθην ὑπὸ τοῦ διδασκάλου αὐτοῖν.
8. εἰσβαλλόντων δὲ τῶν πολεμίων εἰς χώραν, αἱ πόλεις κατελείποντο ὑπὸ τῶν πολεμιστῶν· οὗτοι γὰρ ὑπὸ τῶν πολιτῶν οὐκ ἐπηνοῦντο.
9. ὁ συνετὸς ἀνὴρ φυλάττεται ἐκείνους, ὅτων οἱ λόγοι ψευδεῖς εἰσιν.
10. κατὰ δὲ τὸν πόλεμον, ἐπορεύοντο τεσσαράκοντα στάδια ἀνὰ πᾶσαν ἡμέραν.
11. οἱ δὲ ἄνδρες οἱ τὸν βοῦν κλέψαντες, ἤδη συνειλημμένοι εἰσίν.
12. οἱ δὲ παῖδες οἱ ἀγαθοὶ ἐνίοτε ὀργίζονται τῷ πατρὶ καὶ μετὰ αὐτοῦ οὐ πορεύονται εἰς τὸν ἀγρόν.
13 κραυγήν τε εὐθὺς ἐποίουν καὶ φεύγοντες ἡλίσκοντο πολλοί γε αὐτῶν.
14. ἐγὼ μὲν καὶ σὺ ἀμειβόμεθα δῶρα· οἱ δὲ νεανίαι ἐκεῖνοι ἀεὶ μάχονται ἐναντίον ἀλλήλων.

EXERCISE CHAPTER 22

A.
1. οἱ ἄνακτες
2. τῶν λύχνων
3. τῷ ὀνείρατι
4. τοῦ Πειραιέως or Πειραιῶς
5. τοὺς Δελφοὺς
6. τοῖν κλειδοῖν
7. τοῖς ἥπασι(ν)
8. τὸν ἀέρα

B.

	ὁ Ἄρης (Ares)	ἡ γυνή (woman)	τὸ γάλα (milk)
Nominative	ὁ Ἄρης	αἱ γυναῖκες	τὸ γάλα
Vocative	ὦ Ἄρες or Ἄρες	ὦ γυναῖκες	ὦ γάλα
Accusative	τὸν Ἄρεα, Ἄρη, Ἄρην	τὰς γυναῖκας	τὸ γάλα
Genitive	τοῦ Ἄρεως, Ἄρεος	τῶν γυναικῶν	τοῦ γάλακτος
Dative	τῷ Ἄρεϊ, Ἄρει	ταῖς γυναιξί(ν)	τῷ γάλακτι

	ἡ θρίξ (hair)	ἡ θρίξ
Nominative	τὼ τρίχε	ἡ θρίξ
Vocative	ὦ τρίχε	ὦ θρίξ
Accusative	τὼ τρίχε	τὴν τρίχα
Genitive	τοῖν τριχοῖν	τῆς τριχός
Dative	τοῖν τριχοῖν	τῇ τριχί

C. Parsing:
δελεάτων, genitive plural of δέλεαρ, δελέατος, neuter, bait
δόρασιν, dative plural of δόρυ, δόρατος, neuter, spear
στέατι, dative singular of στέαρ, στέατος, neuter, suet
ἀηδοῖ or ἀηδῶν, vocative singular of ἀηδών, ἀηδόνος, feminine, nightingale
εἰκοῦς or εἰκόνας, accusative plural of εἰκών, εἰκόνος or εἰκοῦς, feminine, image

D.
1. a) A lamp on a lamp-stand
   b) Our city is a hundred stades distant from the sea.
   c) The interpretation of the dream.
   d) The message of (or from) the ambassador.
   e) To keep quiet is an ornament to women.
   f) Let him give many bones to the dogs.
   g) The boy has in fact killed the snake with a spear.
   h) To the august and chaste woman.
   i) Some of the citizens secretly succoured the enemy.
   j) The king was not well-disposed to the witnesses.
2. The captive broke the fetters and immediately escaped into the forest.
3. Wolves and sheep can never be of one mind; they always hate each other.
4. a) Cerberus, the three-headed dog, guarded the gate of the nether world.
   b) All the cities gave (were giving) earth and water to the King of Persia.
5. At one time when voting on ostracism was in progress, an illiterate countryman holding his potsherd approached Aristides and bade him write on it the name of Aristides. "Do you know Aristides?" said he. And the man said that he did not know him but was irritated at his being called "The Just." Aristides did not say another word but wrote the name on the potsherd and gave it back to him.

EXERCISE CHAPTER 22

6. Thales was one of the seven sages of ancient Greece. He foretold a solar eclipse which appeared within the year during the battle of Halys.
7. While the Lacedaemonians fought Athens, they subdued many cities and tribes.
8. Temperance ought to be put to the test in time of power and continence during youth.
9. Zeus, the father of gods and men, had two brothers – Poseidon and Hades.
10. Apollo, the god of prophecy, killed the Python, the formidable dragon which guarded Delphi.

E.
1. a) ἐξηγάγομεν δὲ τὰ σῖτα ταῦτα (ἐκ) τῆς Αἰγύπτου.
   b) ἐν δεσμοῖς
   c) ὁ γὰρ ζυγός μου χρηστός ἐστιν.
   d) ὁ δὲ νεανίας τὰ νῶτα ἐπιστρέψει.
   e) ἐγχρῷ
   f) ὁ μέγας δὴ τῶν Θηβῶν βασιλεὺς ἦν Οἰδίπους
   g) δὸς ἀεὶ τιμὴν τῷ πιστῷ μάρτυρι.
   h) πολλὰ δ' ὦτα τοῖς ἄρχουσίν ἐστιν.
   i) ἡ ἀνδρεία δὲ κόσμος δὴ παντὶ ἀνδρί ἐστιν.
   j) τὸ γῆρας αἰδοῦς ἄξιόν ἐστιν.
2. ὁ δὲ Κῦρος ὁ τοῦ Ἀστυάγους ἔγγονος ἐνομίζετο εἶναι.
3. ἰσόμοιρον δὲ ἐποίησαν καὶ τὸν παρὰ Κυαξάρου ἄγγελον.
4. συχνὸν δὴ ἐν ἐκείνῃ τῇ χώρᾳ, διορύσσουσι κλέπται πολλοί, χρυσόν τε καὶ ἄργυρον ἐκ τοῦ δημοσίου κλέπτοντες.
5. οἱ κύνες οἱ σπουδαῖοι ἐξήλασαν τοὺς θῆρας οἳ τοὺς τοῦ δεσπότου ἄρνας κατειλήφεσαν.
6. κελεύσαντος δὲ τοῦ Νεκῶ, τοῦ τῆς Αἰγύπτου βασιλέως, οἱ Φοίνικοι περιέπλευσαν τὴν Λιβύην τρία ἔτη.
7. ὁ δὲ Ἰησοῦς ἔφη ἐλθεῖν εἰς τὸν κόσμον τοὺς ἁμαρτωλοὺς σῶσαι.
8. Κύρῳ δ' ἐξεῖλον τὴν Σουσίδα γυναῖκα, ἣ καλλίστη δὴ λέγεται ἐν τῇ Ἀσίᾳ γυνὴ γενέσθαι.
9. κατὰ δὲ τὰ μεγάλα Παναθήναια, ἔβλεψα τοὺς τοῦ Ἀριστείδου υἱοὺς (or υἱεῖς) ἐν τῇ πόλει.
10. ὁ δὲ δαφοινὸς ἀετός, ὁ τοῦ Διὸς πτηνὸς κύων, ἐξεθοινᾶτο πολὺν χρόνον τὸ τοῦ Προμηθέως ἧπαρ.

EXERCISE CHAPTER 23

A.
   1. ἐξερρίψαμεν
   2. ἐξέρρευσαν
   3. ἀνέβαινε(ν)
   4. κατεβαλλόμην
   5. καθεοράκατε or καθεωράκατε
   6. ἠμφεγνόουν
   7. συνέπαθον
   8. ἐνεγελάσθη
   9. συνεχαρήσαμεν
   10. συνεσώσασθε

B.
   1. Aorist indicative active:
      ἀναβάλλω   ἀναξηραίνω

   1. ἀνεβάλομεν   ἀνεξηράναμεν
   2. ἀνεβάλετε   ἀνεξηράνατε
   3. ἀνέβαλον   ἀνεξήραναν

   2. Imperfect indicative middle:
      περιάγω   διαλύω

   1. περιηγόμην   διελυόμην
   2. περιήγου   διελύου
   3. περιήγετο   διελύετο

3. Aorist indicative middle:
   ἐγγράφω   καταλαμβάνω

1. ἐνέγραψα   κατέλαβον
2. ἐνέγραψας   κατέλαβες
3. ἐνέγραψε(ν)   κατέλαβε(ν)

2. ἐνεγράψατον   κατελάβετον
3. ἐνεγραψάτην   κατελαβέτην

C. Parsing:

εἰσέβαλλε(ν), third person singular, imperfect indicative active of εἰσβάλλω, I throw into, invade

ἐξηγάγετε, second person plural, second aorist indicative active of ἐξάγω, I export, exile

ὑπέβημεν, first person plural, second aorist indicative active of ὑποβαίνω, I go or stand under

μετερρίφασι(ν), third person plural perfect indicative active of μεταρρίπτω, I turn upside down

ἐπιπαρῄεισθα, second person singular, imperfect indicative of ἐπι-πάρ-ειμι, I pass along the front, proceed to attack, come to one's assistance

συνέψησαν, third person plural, aorist indicative active of συμψάω, I sweep away

D.

1. ἐν, σύν, πρός
   βαίνω
   ἐμβαίνω, I step in
   συμβαίνω, I stand with, come to an agreement
   προσβαίνω, I go forward, approach

   πίπτω
   ἐμπίπτω, I fall in
   συμπίπτω, I fall together
   προσπίπτω, I fall upon, attack

   βάλλω
   ἐμβάλλω, I throw in
   συμβάλλω, I throw together, collect
   προσβάλλω, I throw against, attack

2. μετά, σύν, ἐπί
   ῥέω
   μεταρρέω, I ebb and flow, change to and fro

συρρέω, I flow or stream together
ἐπιρρέω, I flow upon the surface, float a-top

ἄγω
μετάγω, I convey from one place to another, I change my course
συνάγω, I bring together, collect
ἐπάγω, I bring upon, influence

βουλεύω
μεταβουλεύω, I change my plans or mind
συμβουλεύω, I advise, counsel
ἐπιβουλεύω, I plan or contrive against, I plot against

E.
1. μετά, ἐπί, πρό
   ἡ γνῶσις
   ἡ μετάγνωσις, a change of mind or purpose
   ἡ ἐπίγνωσις, full knowledge
   ἡ πρόγνωσις, a perceiving beforehand

   ἡ βάσις
   ἡ μετάβασις, migration, change
   ἡ ἐπίβασις, access, approaching
   ἡ πρόβασις, property in cattle

   ἡ βολή
   ἡ μεταβολή, a change, transition
   ἡ ἐπιβολή, a throwing on, a penalty, fine
   ἡ προβολή, a putting forward, a projection

2. παρά, ἀνά, ἀπό
   ἡ ὁδός
   ἡ πάροδος, a by-way, side-entrance
   ἡ ἄνοδος, a way up, a journey inland
   ἡ ἄφοδος, a going away, departure

   ἡ ἀγωγή
   ἡ παραγωγή, a leading past, a misleading
   ἡ ἀναγωγή, a leading up, a putting to sea
   ἡ ἀπαγωγή, a leading away, payment of tribute

   ἡ πομπή
   ἡ παραπομπή, supplies, a procuring
   ἡ ἀναπομπή, a sending up, a digging up of treasures
   ἡ ἀποπομπή, a sending a way

EXERCISE CHAPTER 23　　　　55

F.
1. a) They will plot against our city.
   b) The disciples of the sophist
   c) The transgression of the nation
   d) For a long time we lodged with him.
   e) The young-man mounted on horseback.
   f) The boy was in doubt.
   g) The shepherd drove afield the sheep and goats everyday.
   h) He will despatch the herald to carry back tidings of the victory to the chief magistrates.
   i) The husbandmen were gathering in the grain in Autumn.
   j) They did not know the men who stood by the king.
2. When a painful disease swooped upon the land, some of the citizens immediately went abroad.
3. When the general had commanded, the soldier cut off the heads of the captives with a sharp sword.
4. For a long time, the Achaeans made war upon Troy; in the tenth year, the Trojans were defeated.
5. We often cast out criminals, but you always honour them.
6. During the famine, the rulers most justly distributed food to the people.
7. The majority became rich illegally from the public purse, but the minority preferred honour to wealth.
8. The diligent gardener has cut down all the bad plants in the garden in order that the good ones may thrive.
9. We did not wish to participate in the war; when, however, the enemy had destroyed some of our cities, we repented (changed our minds).
10. a) When the racing was over, Callias proceeded on his way to his house in the Peiraeus; his friends also followed him.
    b) We shall all sit at meat in your house tomorrow; therefore, provide sufficient food and drink.
    c) The judge will not permit the outcasts to enter the country.

G.
1. a) προσέβαλον τῇ πόλει.
   b) οὐκ ἐμοὶ σύνεστιν ἐλπίς.
   c) προὔβαλεν ἑαυτὸν εἰς ἀσέλγειαν.
   d) ὑπολύσει δὲ τὸν δεσπότην ἀνὰ πᾶσαν ἡμέραν.
   e) προσπεπτώκασι ταῖς τῶν πολεμίων πόλεσιν.
   f) ὁ δὲ ἀπέρριψε τὴν ἐμὴν βουλὴν ἐς τὸ μηδέν.
   g) τοὺς δὲ βαρβάρους ἅπαντας ὑποβαλοῦμεν.
   h) εὐθὺς δὴ καὶ ὁ ἄρχων συνεκάλεσεν τὴν ἐκκλησίαν.

i) τὴν δ' ἀλήθειαν οὐκ ἔτι παρείληφεν.
j) τὰ πρὸ καταβολῆς κόσμου γενόμενα
2. ὅτε δὴ ἤχθετο ὁ Φίλιππος, συνεκαλύπτετο καὶ κατέκειτο.
3. οὐ δὲ πολίτης ἐπιφανὴς γενήσεται ὅστις τοῖς φαύλοις ἀνδράσι μόνον σύνεστιν.
4. ὁ μὲν ἀνὴρ ὁ ἀνδρεῖος ἑκὼν ὑπὲρ τῆς πατρίδος συμμαχέσεται, ὁ δὲ δειλὸς οὐ συστρατεύσεται.
5. ἐπεὶ τὸ δεῖπνον ἔληξεν, ἐξανιστάμεθα καὶ οἴκαδε ἀπῇμεν.
6. εἰσελθὼν δὲ ὁ εἰσαγγελεύς, εἶπεν "Ὦ ἄνδρες, ἐνδότε, ἡ νύμφη εἴσεισιν εἰς τὸν ἑαυτῆς τε καὶ τοῦ νυμφίου θάλαμον."
7. κατενοήσαμεν δὲ ὅτι ἄρχων ἀγαθὸς οὐδὲν διαφέρει πατρὸς ἀγαθοῦ.
8. ἐπεὶ δὲ ταῦτα εἶπε ὁ ἐπιστάτης, οὕτω δὴ ἀνίσταντο πολλοὶ τῶν βουλευτῶν συνεροῦντες.
9. πρόσθεν μὲν ἐξῇσαν ἐπὶ θήραν, νῦν δὲ οὔτε αὐτοὶ ἐξίασιν, οὔτε τοὺς ἄλλους ἐξάγουσιν ἐπὶ τὰς θήρας.
10. a) μανθάνουσι δὲ οἱ ἄνθρωποι τὰς τῶν φυομένων ἐκ τῆς γῆς δυνάμεις, οὕτως τοῖς μὲν ὠφελίμοις χρῶνται, τῶν δὲ βλαβερῶν ἀπέχωνται.
b) ὁ δὲ Φαρνάβαζος πρόθυμος ἦν κατὰ τὸν πόλεμον τῶν Πελοποννησίων καὶ Ἀθηναίων ἀποστῆσαι τῶν Ἀθηναίων τὰς λοιπὰς ἔτι πόλεις τῆς ἑαυτοῦ ἀρχῆς.
c) ἐπιβαλόντος δὲ τοῦ ἄρχοντος ἃ φέρειν οὐκ ἐδύναντο οἱ ἀρχόμενοι, ἐξέβαλον τοὺς φρουροὺς αὐτοῦ ἐκ τῆς ἀκροπόλεως.

EXERCISE CHAPTER 24

A. Aorist indicative passive:

	καλύπτω	παιδεύω	πράσσω
1.	ἐκαλύφθην	ἐπαιδεύθην	ἐπράχθην
2.	ἐκαλύφθης	ἐπαιδεύθης	ἐπράχθης
3.	ἐκαλύφθη	ἐπαιδεύθη	ἐπράχθη

	φθείρω	πλέκω*	τρέφω†
1.	ἐφθάρημεν	ἐπλέχθημεν	ἐτρέφθημεν
2.	ἐφθάρητε	ἐπλέχθητε	ἐτρέφθητε
3.	ἐφθάρησαν	ἐπλέχθησαν	ἐτρέφθησαν

* or ἐπλάκημεν, ἐπλάκητε, ἐπλάκησαν
† or ἐτράφημεν, ἐτράφητε, ἐτράφησαν

B. Future indicative passive:

	ἄγω	τιμάω	πείθω
1.	ἀχθήσομαι	τιμηθήσομαι	πεισθήσομαι
2.	ἀχθήσῃ, -ει	τιμηθήσῃ, -ει	πεισθήσῃ, -ει
3.	ἀχθήσεται	τιμηθήσεται	πεισθήσεται

	δέρω	βλάπτω	λείπω
1.	δαρησόμεθα	βλαβησόμεθα	λειφθησόμεθα
2.	δαρήσεσθε	βλαβήσεσθε	λειφθήσεσθε
3.	δαρήσονται	βλαβήσονται	λειφθήσονται

C. Aorist indicative middle:

	πράσσω	γράφω	πορίζω
1.	ἐπραξάμην	ἐγραψάμην	ἐπορισάμην
2.	ἐπράξω	ἐγράψω	ἐπορίσω
3.	ἐπράξατο	ἐγράψατο	ἐπορίσατο

	βάλλω	λείπω	ἁρμόζω
1.	ἐβαλόμεθα	ἐλιπόμεθα	ἡρμοσάμεθα
2.	ἐβάλεσθε	ἐλίπεσθε	ἡρμόσασθε
3.	ἐβάλοντο	ἐλίποντο	ἡρμόσαντο

D. Future indicative middle:

	ἄρχω	ἀδικέω	πνέω*
1.	ἄρξομαι	ἀδικήσομαι	πνεύσομαι
2.	ἄρξῃ, -ει	ἀδικήσῃ, -ει	πνεύσῃ, -ει
3.	ἄρξεται	ἀδικήσεται	πνεύσεται

* or πνευσοῦμαι, πνευσῇ, -εῖ, πνευσεῖται

	πλέω*	ἀπολαύω	βλέπω
1.	πλευσόμεθα	ἀπολαυσόμεθα	βλεψόμεθα
2.	πλεύσεσθε	ἀπολαύσεσθε	βλέψεσθε
3.	πλεύσονται	ἀπολαύσονται	βλέψονται

* or πλευσούμεθα, πλευσεῖσθε, πλευσοῦνται

E. Parsing:

ἐστράφησαν, third person plural, second aorist indicative passive of στρέφω, I turn

πλεχθήσεται, third person singular, future indicative passive of πλέκω, I plait

ἐκομισάμεθα, first person plural, first aorist indicative middle of κομίζω, I convey, acquire

ὠφελήσῃ, second person singular, future indicative middle of ὠφελέω, I benefit, succour

κλαύσεσθον, second or third person dual, future indicative middle of κλαίω, I weep

EXERCISE CHAPTER 24

F.
1. a) The boy was educated by his father.
   b) Virtue will never disappear but will always exist.
   c) We shall bathe
   d) The work will be completed late in the day.
   e) Many oxen will be slaughtered
   f) I sang yesterday but you will sing tomorrow.
   g) All the robbers will be punished.
2. The ancient sages thought it was impossible to bring to life one who was already buried in the grave: later Lazarus, who for four days had already been entombed, was raised from the dead.
3. All the inhabitants of the mainland were enslaved after the discomfiture; they will, howeveer, be emancipated in bribe-fashion by some of the citizens.
4. When Nineveh had been raised to the ground by the Medes, the Assyrian empire was brought to an end.
5. The same messengers were sent to the governor; these were again harshly treated.
6. Most of the towns on the mainland were undone by strife and faction.
7. Our leaders will deliberate on the safety of our town.
8. Experienced warriors will not flee even if the enemy are numerically superior,
9. When we had rested, we marched more quickly.
10. The king inquired where his adversary lay.
11. After the war, almost the whole city assembled to listen to the reports of the general.
12. The wealth of the criminal perished in one day.
13. The soldiers were so panic-stricken that they decided to turn back.

G.
1. a) οἱ πρέσβεις, καίπερ ἀληθῆ λέξαντες, οὐ πιστευθήσονται.
   b) νικηθήσονται τῷ ὡστέρῳ ἔτει.
   c) παιδευθήσονται.
   d) πικρῶς δὴ κλαύσονται οἱ παῖδες.
   e) ἐτράφην ὑπὸ τοῦ ἐμοῦ ἀδελφοῦ.
   f) τὼ νεανία τοῖς νόμοις οὐκ ἐπιθέσθην.
   g) ἐασόμεθα

2. κατὰ τὸν πόλεμον, αἱ πόλεις αἱ ὑφ' ἡμῶν κτισθεῖσαι καταφλεχθήσονται ὑπὸ τῶν βαρβάρων.
3. πόλυν μὲν χρόνον οἱ Πέρσαι ἦρχον τῆς Ἀσίας, τέλος δὲ ἐνικήθησαν ὑπὸ τοῦ Ἀλεξάνδρου τοῦ μεγάλου.
4. οἱ δὲ Πέρσαι ἐτράπησαν ἐν Μαραθῶνι ὑπὸ τῶν Ἀθηναίων κατὰ μόνας.
5. οὐδεὶς δὲ δὴ τῶν αἰχμαλώτων παρὰ νόμον ἀποσφαγήσεται.
6. ὁ δὲ γεωργὸς ἐχαλεπάνθη· αἱ γὰρ σποραὶ ὑπὸ τῶν διὰ τῆς χώρας πορευομένων ἐβλάβησαν.
7. τοῦ ἀρχηγέτου μὴ κελεύοντος, τοὺς φεύγοντας οὐ διωξόμεθα.
8. τὸ νομοθέτημα οὐ δεξόμεθα· οὐ γὰρ πείσονατι τῷ νόμῳ οἱ νομοθέται αὐτοί.
9. ὠργίσθησαν δὴ οἱ πολῖται τοῖς τὴν συμμαχίαν λύσασιν.
10. ὁ δὲ δήμαρχος αὐτὸς τοὺς νεανίας τοὺς ἀνδρείους ἐξελέξατο· οἱ γὰρ ἀσμένως βουλευταὶ ἀπεδείχθησαν.
11. ἐφωτίσθη δὲ δὴ πᾶν τὸ ἄστυ ἐκ τῆς τοῦ ἀστέρος λαμπρότητος.
12. ὡς ἂν λάβωσιν τὴν πόλιν, ἀναγκασθήσονται τὴν αὐτὴν εὔνοιαν ἔχειν τοῖς σοῖς πράγμασιν.

EXERCISE CHAPTER 25

A.

1. ἥλικος, μώνυχος
2. ἀγνῶτες, ἀλαζόνες
3. εὐγενεῖς, ἀληθεῖς
4. εὐχάριτα, εὐθέα
5. πέπονας, εὔφρονας
6. ταχεῖα, ταχύ
   πᾶσα, πᾶν
   τραχεῖα, τραχύ
   θρασεῖα, θρασύ
   ἡδεῖα, ἡδύ
7. ὑγιής, ὑγιέστερος, ὑγιέστατος
   ἥσυχος, ἡσυχώτερος, ἡσυχώτατος
   φρόνιμος, φρονιμώτερος, φρονιμώτατος
   ἴσος, ἰσαίτερος, ἰσαίτατος
   γεραιός, γεραίτερος, γεραίτατος

B.

1. μέγας, great

Singular	Masculine/Feminine	Neuter
Nominative/Vocative	μείζων	μεῖζον
Accusative	μείζονα, μείζω	μεῖζον
Genitive		μείζονος (all genders)
Dative		μείζονι

EXERCISE CHAPTER 25

Dual

Nominative/Vocative/Accusative	μείζονε
Genitive/Dative	μειζόνοιν

2. ἡδύς, sweet
Plural

	Masculine/Feminine	Neuter
Nominative/Vocative	ἡδίονες, ἡδίους	ἡδίονα, ἡδίω
Accusative	ἡδίονας, ἡδίους	ἡδίονα, ἡδίω
Genitive		ἡδιόνων
Dative		ἡδίοσι(ν)

N.B. A later comparative of ἡδύς is ἡδύτερος.

3. ταχύς, swift
Singular

	Masculine/Feminine	Neuter
Nominative/Vocative	θάττων, θάσσων	θᾶττον, θᾶσσον
Accusative	θάττονα, θάττω	θᾶττον
Genitive		θάττονος
Dative		θάττονι

C.

Masculine/Feminine	Neuter
αἰσχίων	αἴσχιον
ἐχθίων	ἔχθιον
καλλίων	κάλλιον
ῥᾴων	ῥᾷον
βελτίων	βέλτιον
κρείττων	κρεῖττον
λῴων	λῷον
χείρων	χεῖρον
πλέων	πλέον

D. Parsing:
μελαίνας, accusative feminine plural of μέλας, -αινα, -αν, adjective, black
πέπονα, nominative, vocative, or accusative neuter plural or accusative masculine/feminine singular of πέπων, -ον, adjective, ripe
ἡμισείαις, dative feminine plural of ἥμισυς, -εια, -υ, adjective, half
ἰσχυροτέρους, accusative masculine plural of the comparative of ἰσχυρός, -ά, -όν, adjective, strong
λεπτοτάτοις, dative masculine and neuter plural of the superlative of λεπτός, -ή, -όν, adjective, thin

E.
1. a) Sweet is the voice of that bird.
   b) In winter, the sky is icy-cold, but in summer, it is hot.
   c) It is the business of every father to educate his children properly.
   d) The king has two sons; one is bold and the other is cowardly.
   e) Your country is rugged but ours is level.
   f) To the intemperate, the end of life will not be pleasant.
   g) My father is greater than any of all the inhabitants in the village.
   h) For the sake of honour, many young-men die for their country.
   i) The maiden is more good-looking than the young-man.
   j) To the rulers, our guards are more faithful than yours.
   k) Great blessing will be bestowed upon the meek.
2. The graceful choral songs of the young-man were admired by the audience.
3. The courageous soldiers who passed the rough road into the enemy's country were appointed commanders.
4. When the king had commanded (or on the king's command), all the buccaneers were slain by the soldiers with a sharp sword.
5. The two men are useful citizens, one is skilled in painting and the other in statuary.
6. When a furious storm occurred, we did not sail out of the safe harbour.
7. We shall never obey you, for we do not think that what you are saying is true.
8. We ought not whip a swift horse; a slow horse, however, must be whipped.
9. In yesterday's contest, at Olympia, we beheld the good-looking athletes.
10. Are not all the guileless and pious (men) called children of God?
11. The two well-born young-men hunted for three days and only caught a sparrow.
12. The harmless people will be enslaved by the savage barbarians for a long time.
13. The rulers were really in perplexity; for their hope of salvation was gone when the fleet had been worsted.

F.
1. a) ἐλεήμων ἴσθι, ὦ βασίλεια, τῷ τάλανι πτωχῷ.
   b) τὸ τῆς τραχείας ὁδοῦ μῆκος.
   c) ἡ τοῦ ἀνθρώπου μεγίστη καλοκἀγαθία ἡ θεοσέβειά ἐστιν.
   d) ἡ τοῦ αἰσχροῦ κέρδους τέρψις βραχεῖά ἐστιν.

e) παιδεύετε, ὦ πολῖται, τὰς γυναῖκας σώφρονας εἶναι.
f) πάντες οἱ φιλοπόλεις ὑπὲρ τῆς πατρίδος μάχονται.
g) οἱ μὲν πολλοὶ περιδεεῖς ἦσαν· ὑμεῖς δὲ, οἱ ὀλίγοι, ἀταρακτότατοι ἦτε.
h) πότερον οἱ μαθηταὶ οὗτοι δεινότεροί εἰσι τῶν διδασκάλων αὐτῶν ἢ τοὐναντίον;
i) προυτίμων δὲ ἀεὶ οἱ ἥρωες τὴν ἀνδρείαν τῆς δειλίας.
j) ἆρ' οὐχ ὅμοιός ἐστιν ὁ θάνατος τῷ βαθυτάτῳ ὕπνῳ;
k) τῇ ἄπαιδι γυναικὶ μηδὲν χαρίζεται.
2. πάντες νεαροί, τὸ μὲν πικρὸν μισοῦσι, τὸ δὲ γλυκὺ φιλοῦσιν.
3. τὰ ποικίλα ἱμάτιά ἐστιν ἡδέα ταῖς παρθένοις.
4. οἱ μὲν ἐκπεπαιδευμένοι, ὡς ἐπὶ τὸ πολύ, σώφρονές εἰσιν, οἱ δὲ ἀπαίδευτοι πολλάκις ἀκρατεῖς
5. ὀψὲ δὲ τῆς νυκτὸς περιέτυχον πέντε ταλάσι ἀνδράσι μέλανα ἱμάτια ἔχουσιν.
6. ἐδόκει δὴ ἡμῖν τοῖς στρατηγοῖς μηδαμῇ ἀσφαλὲς εἶναι ἔτι ἐν τῇ πολεμίᾳ ἐπιμένειν.
7. εὐσεβὲς γένος ἀνθρώπων οἰκήσει δῆτα ταύτην τὴν γῆν τὸν λοιπὸν χρόνον.
8. ἡ δὲ μαρτυρία ἡ σὴ οὐκ ἔστιν ἀληθής· ἴσμεν γὰρ δὴ σὲ αἰσχροκερδῆ ὄντα.
9. ἆρ' οὐκ δεῖ τὸν τῆς ἡμετέρας πόλεως ἡγεμόνα σώφρονά τε καὶ ἐγκρατῆ ὄντα;
10. δεῖ τὸν μαθητὴν μὴ αὐθάδη ὄντα ἄλλως τε καὶ τοῦ διδασκάλου αὐτοῦ παρόντος.
11. ἆρ' οὐχ οἱ Ἕλληνες οἱ ἐπὶ τοῦ Ἀλεξάνδρου τοῦ μεγάλου ἀνδρειότεροι ἦσαν ἢ οἱ Πέρσαι;
12. ἐκ παιδός, ἐγὼ ἀεὶ πεφίληκα τὴν ἐπιστήμην τοῦ πλούτου.
13. διένεμε δὲ ἡδέως ὁ ἄρχων χρυσᾶ ποτήριά τε καὶ ἀργύριον πολὺ τοῖς θρασυτάτοις στρατηγοῖς.

EXERCISE CHAPTER 26

A.
1. Present infinitive middle:
   λείπω – λείπεσθαι
   παρέχω – παρέχεσθαι
   φαίνω – φαίνεσθαι
   θύω – θύεσθαι
   λούω – λοῦσθαι or λούεσθαι

2. Aorist infinitive middle:
   λαμβάνω – λαβέσθαι
   πράσσω – πράξασθαι
   καταστρέφω – καταστρέψασθαι
   ἐκτρέπω – ἐκτραπέσθαι
   πλέκω – πλέξασθαι

3. Future infinitive passive:
   φαίνω – φανήσεσθαι
   τελέω – τελεσθήσεσθαι
   βλάπτω – βλαβήσεσθαι
   στρέφω – στραφήσεσθαι
   δέρω – δαρήσεσθαι

4. Aorist participle middle:
   καλύπτω – καλυψάμενος
   πράσσω – πραξάμενος
   πείθω – πιθόμενος
   σπείρω – σπειράμενος
   γράφω – γραψάμενος

5. Perfect participle passive:
   λείπω – λελειμμένος
   φαίνω – πεφασμένος
   λούω – λελουμένος
   τρίβω – τετριμμένος
   λέγω – λελεγμένος

6. Third person singular aorist imperative passive:
   λείπω – λειφθήτω
   καλύπτω – καλυφθήτω
   πράσσω – πραχθήτω
   πείθω – πεισθήτω
   πλέκω – πλακήτω

7. Second person plural present imperative middle:
   φαίνω – φαίνεσθε
   τιμάω – τιμᾶσθε
   δηλόω – δηλοῦσθε
   φέρω – φέρεσθε
   θάλπω – θάλπεσθε

8. First person plural aorist subjunctive middle:
   εὑρίσκω – εὑρώμεθα
   λαμβάνω – λαβώμεθα
   γράφω – γραψώμεθα
   πλέκω – πλεξώμεθα
   λείπω – λιπώμεθα

9. Second person singular aorist subjunctive passive:
   τρέπω – τραπῇς
   παιδεύω – παιδευθῇς
   σείω – σεισθῇς
   χρίω – χρισθῇς
   κόπτω – κοπῇς

EXERCISE CHAPTER 26

10. Third person dual aorist optative middle:
φαίνω – φηναίσθην
βάλλω – βαλοίσθην
τιμάω – τιμησαίσθην
λείπω – λιποίσθην
σπείρω – σπειραίσθην

11. First person plural future optative passive:
ἀλλάσσω – ἀλλαχθησοίμεθα or ἀλλαγησοίμεθα
τελέω – τελεσθησοίμεθα
στέλλω – σταλησοίμεθα
στρέφω – στραφησοίμεθα
δέρω – δαρησοίμεθα

B.
1. The feminine genitive singular of the aorist passive participle of τάσσω, ταχθείης
2. The masculine accusative singular of the aorist passive participle of πείθω, πεισθέντα
3. The masculine nominative plural of the future participle of ἀφικνέομαι, ἀφιξόμενοι
4. The feminine dative plural of the aorist middle participle of βάλλω, βαλομέναις
5. The masculine genitive singular of the future middle participle of ᾄδω, ᾀσομένου

C. Present imperative middle:

	γράφω	πείθω	κελεύω	παύω
Singular				
2.	γράφου	πείθου	κελεύου	παύου
3.	γραφέσθω	πειθέσθω	κελευέσθω	παυέσθω
Dual				
2.	γράφεσθον	πείθεσθον	κελεύεσθον	παύεσθον
3.	γραφέσθων	πειθέσθων	κελευέσθων	παυέσθων
Plural				
2.	γράφεσθε	πείθεσθε	κελεύεσθε	παύεσθε
3.	γραφέσθων	πειθέσθων	κελευέσθων	παυέσθων

D. Aorist subjunctive passive:
καλύπτω   παιδεύω   στέλλω   κόπτω

	Singular			
1.	καλυφθῶ	παιδευθῶ	σταλῶ	κοπῶ
2.	καλυφθῇς	παιδευθῇς	σταλῇς	κοπῇς
3.	καλυφθῇ	παιδευθῇ	σταλῇ	κοπῇ

	Dual			
2.	καλυφθῆτον	παιδευθῆτον	σταλῆτον	κοπῆτον
3.	καλυφθῆτον	παιδευθῆτον	σταλῆτον	κοπῆτον

	Plural			
1.	καλυφθῶμεν	παιδευθῶμεν	σταλῶμεν	κοπῶμεν
2.	καλυφθῆτε	παυδευθῆτε	σταλῆτε	κοπῆτε
3.	καλυφθῶσι(ν)	παιδευθῶσι(ν)	σταλῶσι(ν)	κοπῶσι(ν)

E. Future optative middle:

	αδικέω	εάω	λείπω	πράττω

	Singular			
1.	ἀδικησοίμην	ἐασοίμην	λειψοίμην	πραξοίμην
2.	ἀδικήσοιο	ἐάσοιο	λείψοιο	πράξοιο
3.	ἀδικήσοιτο	ἐάσοιτο	λείψοιτο	πράξοιτο

	Dual			
2.	ἀδικήσοισθον	ἐάσοισθον	λείψοισθον	πράξοισθον
3.	ἀδικησοίσθην	ἐασοίσθην	λειψοίσθην	πραξοίσθην

	Plural			
1.	ἀδικησοίμεθα	ἐασοίμεθα	λειψοίμεθα	πραξοίμεθα
2.	ἀδικήσοισθε	ἐάσοισθε	λείψοισθε	πράξοισθε
3.	ἀδικήσοιντο	ἐάσοιντο	λείψοιντο	πράξοιντο

F. Parsing:
παρασχήσεσθαι or παράσχεσθαι, future infintive middle of παρέχω, I supply
πεπεισμένοι, nominative masculine plural, perfect participle middle/passive of πείθω, I persuade
τιμήθητε, second person plural aorist imperative passive of τιμάω, I honour
σπειρώμεθα, first person plural aorist subjunctive middle of σπείρω, I sow
βληθήσοιντο, third person plural future optative passive of βάλλω, I throw

G.
1. a) Let the gates of the city be shut just at nightfall.
   b) The boy asked the stranger what he wanted.
   c) The defendant said that he would not answer in the absence of the presecutor.

EXERCISE CHAPTER 26

   d) Perceiving his teacher standing by, he was exceedingly afraid.
   e) They did this in order to appear wealthy.
   f) Let all our children be well-educated.
   g) Come on, let us now enjoy the profit of our labour.
   h) They think that they will be ruined.
   i) We did not say that we would be injured.
   j) Those concealed in the chamber have gone out.

2. The general determined to go to the assembly in regard to the false accusations against him and to defend himself as plausibly as he could.
3. The young-men, having dined, left the dining room, some to the theatre and others to their respective houses.
4. The soldiers having been misled by their scouts, turned to the right; soon after, they fell in with the enemy.
5. When the citizens had heard the news of the un-hoped-for good fortunes after the recent disasters in enemy country and in the course of their factional dissensions, they were greatly encouraged.
6. If this man would be faithful, we may judge from what he has done to others.
7. Tell me now, if anything should happen, in what then consists your danger?
8. To this very day, we cannot do anything that our interest or duty demands; we cannot form any association of help and friendship.
9. That lad fared badly even though he was well-advised.
10. Let all the jobs pertaining to the tower be assinged to the young men.
11. Now, obey the king, o body guards, and be promoted.
12. The Greeks forthwith took the field that they might repel the Persians.
13. These men, being traitors, would not taste happiness.
14. And now, good farm servants, come here after much toil, eat, drink and rest for awhile.
15. Let physicians always visit their patients by night to learn how they fare.

H.
1. a) ὁ δὲ χαίρει πάντα πείθεσθαι τῷ διδασκάλῳ.
   b) οὐκ ᾐσθοντο οἱ ἀναγιγνώσκοντες αὐτοὶ σήμερον ἀφιξόμενοι.

c) φανήτων, νῦν ὁ κατήγορος.
d) γραφέσθω ἀεὶ τὰς τῶν σοφῶν ἀνδρῶν παροιμίας.
e) πλακῶσι δὴ τάχα πολλοὶ κάλαθοι ὑπὸ τῶν δούλων.
f) περιέτυχε τῷ παράφρονι ἐξερχομένῳ τῆς ὕλης.
g) μὴ παρ' ἀνδρὸς δολοποίου δέχου ἀγαθὴν βουλήν.
h) ὁ ἀμφορεὺς ὑπὸ τῆς κόρης ἔρρηχθαι λέγεται.
i) ὁ δ' ἄτολμος στρατιώτης τῷ μάχεσθαι οὐχ ἥδεται.
j) οἱ γονεῖς ὑπὸ τῶν παίδων ἀγαπάσθων.
2. αἱ δ' ἐκ τῆς νήσου ἡμέτεραι νῆες ἐπισιτισάμεναι δυοῖν ἡμέραιν, ἀπέλευσαν διὰ ταχέων ἵνα μὴ περιτύχωσι ταῖς τῶν πολεμίων ναυσίν, ταῖς ἐν τῇ προσχώρῳ νήσῳ.
3. αἰσθόμενος δ' ὁ νεανίας ὄφιν μέλαιναν ἐγγὺς τοῦ ῥεύματος, ἀπέδραμεν ἐν τάχει εἰς τὴν κώμην.
4. νικηθέντων γοῦν τῶν ἐναντίων ἀπηλλάχθησαν δὴ οἱ ἡμέτεροι πολεμισταὶ σφᾶς αὐτοὺς καταμέμφεσθαι.
5. κατὰ τὴν στάσιν, παρακομισάμενον τὸ ἀντίπαλον ἐκ ἄλλων ἄστεων πολὺν πλῆθος ὁπλίτων, ἐσηγάγετο εἰς τὴν πόλιν.
6. εἴ τις αὐτὸν αἰτιάσαιτό τι τοιοῦτον, ἀγανακτῶν ψέξειε ἂν πάντας τοὺς περὶ αὐτόν.
7. ὁ δὲ νομίζει τὸν στρατηγὸν συχνάκις ἀποφθέγγεσθαι, "ἐμοὶ δ' ἐστιν εἰρήνη πρὸς τοὺς ἀκούειν ἐμοῦ βουλομένους.
8. φυλαττέσθων οἱ κριταὶ ἐκείνους ὅτων οἱ λόγοι ψευδεῖς εἰσιν.
9. αἱ δὲ σπονδαὶ ὑπὸ τῶν ἐναντίων λελύσθαι μετὰ τρεῖς μῆνας ἐλέγοντο.
10. ὦ συστρατευόμενοι, πιθώμεθα αὔριον τοῖς τοῦ στρατηγοῦ προσταχθησομένοις.
11. ἐξομολογείσθω δ' ὁ φεύγων τὰς ἁμαρτίας καὶ σωθήτω.
12. ἀμύνηται δ' οὖν τὸ ἡμέτερον στράτευμα τοὺς εἰς τὴν πατρίδα εἰσβάλλοντας.
13. δεινῶς γοῦν ταῦτα ἐπράξαντο ἵνα μὴ φόρον παρέχεσθαι ἀναγκασθεῖεν.
14. ἐὰν δὲ τύχῃ ὧδε χθόνος σεισμός, οὐ μὴ ἀφεθῇ οἰκήματα τῇ πόλει πάσῃ οὐ μὴ καταλυθῇ.
15. λέγει δ' ὁ συγγραφεὺς ὅτι πόλεις τινὲς βουλόμεναι τῶν Ἀθηνῶν ἀφίστασθαι πεμψειάν ποτε πρεσβευτὰς πρὸς τὴν Λακεδαίμονα.

EXERCISE CHAPTER 27

A.
  ἔσω – ἔσωθεν – from within
  κάτω – κάτωθεν – from below
  ἔξω – ἔξωθεν – from without
  ἐκεῖ – ἐκεῖθεν – from that place
  οἶκος – οἴκοθεν – from home, from one's house

B.
  ἐπιστήμων – ἐπιστημόνως – prudently, with knowlege
  φιλόπονος – φιλοπόνως – diligently
  πᾶς – πάντως – altogether, at all events
  πένης – πενήτως – poorly
  ἄκαρπος – ἀκάρπως – unprofitably, fruitlessly
  πονηρός – πονηρῶς – grievously, knavishly
  ὀξύς – ὀξέως, or ὀξύ, or ὀξέα – sharply, keenly
  πικρός – πικρῶς – bitterly
  εὐθύς – εὐθέως, or εὐθύ, or εὐθύς – straight, at once, forthwith
  ταχύς – ταχέως, or ταχύ, or τάχα – quickly

C.

	positive	comparative	superlative
ἀληθῶς	ἀληθῶς	ἀληθέστερον	ἀληθέστατα
	truly	more truly	most truly
εὐσεβῶς	εὐσεβῶς	εὐσεβέστερον	εὐσεβέστατα
	piously	more piously	most piously

σεμνῶς	σεμνῶς solemnly	σεμνότερον more solemnly	σεμνότατα most solemnly
ἰσχυρῶς	ἰσχυρῶς strongly	ἰσχυρότερον more strongly	ἰσχυρότατα most strongly
εὐδαιμόνως	εὐδαιμόνως fortunately	εὐδαιμονέστερον more fortunately	εὐδαιμονέστατα most fortunately
ἀσμένως,	ἀσμένως gladly	ἀσμενέστερον more gladly	ἀσμενέστατα most gladly
ἀρχαίως,	ἀρχαίως anciently	ἀρχαιότερον more anciently	ἀρχαιότατα most anciently
εὐθύμως,	εὐθύμως cheerfully	εὐθυμότερον more cheerfully	εὐθυμότατα most cheerfully
ἄνω,	ἄνω up	ἀνωτέρω higher	ἀνωτάτω highest
ἔξω	ἔξω outside	ἐξωτέρω more outside	ἐξωτάτω most outside or outermost

D.
1. Numeral signs:
    112 – ριβ´
    640 – χμ´
    395 – τϟε´
    271 – σοα´
    1,768 – ͵αψξη´
    5,130 – ͵ερλ´
    4,800 – ͵δω´
    1,993 – ͵αϠϟγ´
    874,652 – ͵ω ͵ο ͵δχνβ´
    41,483 – ͵μ ͵αυπγ´

2. Numeral signs and cardinal numbers:
   a) ͵μφπγ´ = τετακισμύριοι καὶ πεντακόσιοι καὶ ὀγδοήκοντα καὶ τρεῖς
   b) ͵οσνθ´ = ἑπτακισμύριοι καὶ διακόσιοι καὶ ἑνὸς δέοντα ἑξήκοντα
   c) ͵ϠϠμη´ = ἐνενηκοντακισμύριοι καὶ ἐνακόσιοι καὶ δυοῖν δέοντα πεντήκοντα

d) ͵χλωμʹ = ἑξηκοντακισμύριοι καὶ τρισμύριοι καὶ ὀκτακόσιοι καὶ τεσσαράκοντα

e) ͵ϡ͵ν͵γυϟβʹ = ἐνενηκοντακσιμύριοι καὶ πεντακισμύριοι καὶ τρισχίλιοι καὶ τετρακόσιοι καὶ ἐνενήκοντα καὶ δύο.

E.
1. a) He dwells in the heavens
   b) I will go to Athens but you (will go) to Megara.
   c) The pious will surely live most happily for ever.
   d) A prudent boy learns easily.
   e) The fox runs more swiftly than the bitch.
   f) A beggarman leads a most wretched life.
   g) They were always at home during the winter.
   h) Let him no be persuaded with bribes.
   i) Really, the ambassadors were sumptuously entertained at the public expense.
   j) Surely, our army will arrive tomorrow by land.
2. In truth, the general has about six thousand horse and ten thousand peltasts.
3. Some of the captains kept this up (did this) until darkness came on.
4. They say that the enemy are coming against us with about eight thousand horse and not less than thirty thousand bowmen.
5. My friend, I learnt, any way, from someone that you have about five thousand cows and a lot of sheep and he-goats.
6. They really say that Solon was one of the seven wise men of ancient Greece.
7. Many of the Trojans were indeed of good courage until their city was destroyed in the tenth year of the war.
8. For three years and seven months, some of the settlers in the mainland were exiles (were in exile) in the island.
9. The history works of old were much better written than those of the present day.
10. The best athlete in the town was in a befitting manner honoured by the ruler with a golden crown.
11. In the time of Darius, the Athenians got ready twenty warships to fight the Persians for defence of the Greeks in Asia Minor. Those who were duly dispatched by the people together with five triremes from Eretria sailed off to Ephesus, and from there made an inroad into Sardes.

F.
1. a) ἦλθε Θήβηθεν πρώην.
   b) εἶπε τὸν ἄνθρωπον τοῦτον οὐρανόθεν ἐλθεῖν.
   c) Ἑλληνιστὶ γινώσκεις;
   d) ἐκ τοῦ ταμιείου οἴκαδ᾽ ἄγεται ὁ κλέπτης χρυσόν τε καὶ ἄργυρον.
   e) διάγει ταυρηδόν.
   f) ποσάκις τοῖς θεοῖς θύεις; τρὶς ἀνὰ πᾶσαν ἡμέραν.
   g) ἑβδομαία ἦν οἴκοθι.
   h) Μηδενὶ μηδὲν ὀφείλετε ὅπως ἀφόβως διάγητε.
   i) ἀμαχητὶ μάλα διεδέξατο ὁ υἱὸς ὁ πρεσβύτατος τῷ βασλεῖ τῷ ἀποτεθνηκότι πέρυσι.
   j) ἐπράθη τὸ πλοῖον σνε΄ ταλάντων.
2. ὁ δὲ βασιλεὺς αὐτὸς ἄγειν ἐλέγετο ὁπλίτας μὲν εἰς ἑβδομηκοντακισμυρίους, πελταστὰς δὲ εἰς τετρακισμυρίους πρὸς τὴν πολεμίαν.
3. οὐ μόνον γε, ὦ φίλε, πλούσιός ἐστιν ἐκεῖνος ὁ ἀνήρ, ἀλλὰ καὶ εὐμενὴς δὴ πᾶσι ἐν τῇ κώμῃ.
4. οὐκ ἐξέσται ἡμῖν νῦν ἐμβάλλειν εἰς τὴν πολεμίαν ἐπειδὴ λέγεις σὺ ἱππέας μὲν ἡμῖν εἶναι μεῖον ἢ πέμπτον μέρος τοῦ τῶν πολεμίων ἱππικοῦ, πεζοὺς δὲ ἀμφὶ τοὺς ἡμίσεις.
5. τῇ ἕκτῃ ἡμέρᾳ τοὺς γυμνῆτας πάντας ἐκ τοῦ ἄστεως ἄξομεν.
6. ἐν τῷ στρατεύματι οὗ ἡγοῦμαί (or ἡγέομαί) εἰσι γυμνῆτες μὲν τρισμύριοι πεντακόσιοι, ὁπλῖται δὲ μύριοι πεντακισχίλιοι.
7. ὄψεσθε δὴ ἐν τῷ χωρίῳ τὸν χειμῶνα πολλοὺς παῖδας ἀμφὶ πῦρ καθημένους.
8. τί ἐποίησεν ὁ κλέπτης, ὡς εἰσῆλθεν εἰς τὸ κοινὸν τῶν φυλάκων καθευδόντων;
9. ὁ δεσπότης ἔσωθεν εἶπε τῷ κρούοντι τῆς θύρας μεσονύκτιον, βῆθι.
10. νεανίαι τινὲς πορευόμενοι εἰς κώμην ἀπέχουσαν ἀπὸ τῆς πόλεως σταδίους πεντήκοντα περιέτυχον τῷ βασιλεῖ κατερχομένῳ ἀγρόθεν.

EXERCISE CHAPTER 28

A.
1. Third person singular aorist indicative passive:
   δέω (*I bind*) – ἐδέθη
   δουλόω – ἐδουλώθη
   χαλάω – ἐχαλάσθη
   σπάω – ἐσπάσθη

2. First person plural aorist indicative active:
   ἱδρόω – ἱδρώσαμεν
   ἐάω – εἰάσαμεν
   δράω – ἐδράσαμεν
   ποιέω – ἐποιήσαμεν

3. Second person singular present subjunctive middle:
   δουλόω – δουλοῖ
   φιλέω – φιλῇ
   θηράω – θηρᾷ
   ἀγαπάω – ἀγαπᾷ

4. First person singular present optative middle:
   θεάομαι – θεῴμην
   ἰάομαι – ἰῴμην
   θηράω – θηρῴμην
   ὁράω – ὁρῴμην

5. Second dual future indicative active:
   τηρέω – τηρήσετον
   χαλάω – χαλάσετον
   λαλέω – λαλήσετον
   δράω – δράσετον

6. First person plural perfect indicative active:
   δουλόω – δεδουλώκαμεν
   ἀγαπάω – ἠγαπήκαμεν
   θηράω – τεθηράκαμεν
   ἐάω – εἰάκαμεν

7. Masculine nominative singular present participle middle:
   φιλέω – φιλούμενος
   θεάομαι – θεώμενος
   τηρέω – τηρούμενος
   χράομαι – χρώμενος

8. Present infinitive active:
   σπάω – σπᾶν
   φιλέω – φιλεῖν
   λαλέω – λαλεῖν
   ὁράω – ὁρᾶν

9. Third person plural perfect indicative passive:
   δουλόω – δεδούλωνται
   δράω – δέδρανται
   καλέω – κέκληνται
   ἐπαινέω – ἐπήνηνται

10. Third person plural aorist imperative active:
    σπάω – σπασάντων
    χαλάω – χαλασάντων
    δράω – δρασάντων
    δέω (*I bind*) – δησάντων

B. Conjugation:
   1. Present indicative active (singular only)

	φιλέω	σπάω	ἀγαπάω	τελέω
1.	φιλῶ	σπῶ	ἀγαπῶ	τελῶ
2.	φιλεῖς	σπᾷς	ἀγαπᾷς	τελεῖς
3.	φιλεῖ	σπᾷ	ἀγαπᾷ	τελεῖ

EXERCISE CHAPTER 28

2. Present indicative middle (plural only)

	δουλόω	καλέω	αἱρέω	ἐκτελέω
1.	δουλούμεθα	καλούμεθα	αἱρούμεθα	ἐκτελούμεθα
2.	δουλοῦσθε	καλεῖσθε	αἱρεῖσθε	ἐκτελεῖσθε
3.	δουλοῦνται	καλοῦνται	αἱροῦνται	ἐκτελοῦνται

3. Present imperative (singular only)

	ζάω	λαλέω	σπάω	θεάομαι
2.	ζῇ	λάλει	σπᾶ	θεῶ
3.	ζήτω	λαλείτω	σπάτω	θεάσθω

4. Present subjunctive active (singular only)

	δράω	ὁράω	διψάω	ἀδικέω
1.	δρῶ	ὁρῶ	διψῶ	ἀδικῶ
2.	δρᾷς	ὁρᾷς	διψῇς	ἀδικῇς
3.	δρᾷ	ὁρᾷ	διψῇ	ἀδικῇ

5. Present optative active (plural only)

	ῥιγόω	ἱδρόω	φιλέω	ὁράω
1.	ῥιγῷμεν	ἱδρῷμεν	φιλοῖμεν	ὁρῷμεν
2.	ῥιγῷτε	ἱδρῷτε	φιλοῖτε	ὁρῷτε
3.	ῥιγῷεν	ἱδρῷεν	φιλοῖεν	ὁρῷεν

6. Imperfect indicative passive (singular and dual only)

	θεάομαι	ἰάομαι	θηράω	τηρέω
Singular				
1.	ἐθεώμην	ἰώμην	ἐθηρώμην	ἐτηρούμην
2.	ἐθεῶ	ἰῶ	ἐθηρῶ	ἐτηροῦ
3.	ἐθεᾶτο	ἰᾶτο	ἐθηρᾶτο	ἐτηρεῖτο
Dual				
2.	ἐθεᾶσθον	ἰᾶσθον	ἐθηρᾶσθον	ἐτηρεῖσθον
3.	ἐθεάσθην	ἰάσθην	ἐθηράσθην	ἐτηρείσθην

7. Future indicative passive (singular only)

	καλέω	σπάω	δουλόω	ἀδικέω
1.	κεκλήσομαι	σπασθήσομαι	δουλωθήσομαι	ἀδικηθήσομαι or ἀδικήσομαι
2.	κεκλήσῃ	σπασθήσῃ	δουλωθήσῃ	ἀδικηθήσῃ or ἀδικήσῃ

EXERCISE CHAPTER 28

| 3. | κεκλήσεται | σπασθήσεται | δουλωθήσεται | ἀδικηθήσεται or ἀδικήσεται |

8. Aorist indicative active (plural only)

	διψάω	δέω	ζάω	πλέω
1.	ἐδιψήσαμεν	ἐδεήσαμεν	ἐζήσαμεν	ἐπλεύσαμεν
2.	ἐδιψήσατε	ἐδεήσατε	ἐζήσατε	ἐπλεύσατε
3.	ἐδίψησαν	ἐδέησαν	ἔζησαν	ἔπλευσαν

9. Perfect indicative active (dual and plural only)

	δράω	δέω	πεινάω	ἐάω
2.	δεδράκατον	δεδέκατον or δεδήκατον	πεπεινήκατον	εἰάκατον
3.	δεδράκατον	δεδέκατον or δεδήκατον	πεπεινήκατον	εἰάκατον
1.	δεδράκαμεν	δεδέκαμεν or δεδήκαμεν	πεπεινήκαμεν	εἰάκαμεν
2.	δεδράκατε	δεδέκατε or δεδήκατε	πεπεινήκατε	εἰάκατε
3.	δεδράκασι(ν)	δεδέκασι(ν) or δεδήκασι(ν)	πεπεινήκασι(ν)	εἰάκασι(ν)

C. Parsing:

ἐτιμήσαντο, third person plural aorist indicative middle of τιμῶ, I honour
δεδηλώκασι(ν), third person plural perfect indicative active of δηλῶ, I show
δρῷμι, first person singular present optative active of δρῶ (δράω), I do
θεᾶσθε, second person plural present imperative, indicative and subjunctive of θεάομαι (deponent), I behold
γελασθῆναι, aorist infinitive passive of γελάω, I laugh

D.

1. a) The kindly king honours virtue and justice.
b) The father did not allow his son to lead the two oxen into the field.
c) I rather wish to be wronged than to do wrong.
d) The conqueror returned home with delight (rejoicing) but the conquered in distress.
e) A malefactor takes delight to hurt (to do evil to) anyone.
f) The enemy will not dare to wage war against us.
g) Let pupils be silent when the teacher is talking.
h) I know that that man has done nothing worthy of death.
i) All his possessions are sold for one hundred drachmas.

j) What are we to do in order to gratify the king?
k) This woman is kindly disposed; for many of her neighbours testify that it is so.
2. The rich hate indeed everyone who approaches them and is in need of money.
3. Can you, fellow country-men, wage war at this time against the barbarians in Asia?
4. The ruler's rival, urging the strangers to ally themselves with him, said that he would give them much money.
5. Whosoever is disobedient to his parents dies in the prime of life.
6. Do not be afraid, children, to speak in the presence of the judge (while the judge is present), but shun to bear false witness.
7. Training of the soul is preferable to that of the body; and pursuit of knowledge is more beneficial to the people than athletic contests.
8. Our state is strengthened in prosperity and increases in population, but yours becomes worse in both every day.
9. This man is liable to the death-penalty, for he does not cease to medize even when the assembly of the citizens is in progress (or in session).
10. Take courage, fellow-soldiers, let us beleaguer this enemy city, for it will easily be taken by us within three months.

E.
1. a) μὴ νικάσθων οἱ κριταὶ ἡμῶν ὑπὸ αἰσχροῦ κέρδους.
b) ὁ ἄνθρωπος ὁ ἀπαίδευτος ῥᾳδίως ἀπατᾶται.
c) ἐρωτᾷ ὅπου κατοικίζῃ.
d) πειρώμεθα εὖ δρᾶν πάντας ἀνθρώπους καὶ δὴ τοὺς ἐναντίους ἡμῶν.
e) τοὺς φυγάδας πατεῖν τὰς πύλας οὐκ εἴασεν ὁ φύλαξ.
f) ὑπάγετε πρὸς τὸν οἰκόνομον, ὦ θῆτες· λέξει γὰρ ὑμῖν ἃ δεῖ ποιεῖν.
g) μεριμνᾷ δὴ ὁ ἀγαθὸς πατὴρ τοὺς υἱοὺς εὖ παιδεύεσθαι.
h) ἐὰν ζητῆτε τὰ θεῖα, φεύγετε τὰ κακά.
i) ἡμεῖς μὲν πάντες αὐτὸν ἐθεασάμεθα, σὺ δὲ μόνος αὐτὸν οὐκ ἐθεάσω.
j) ἀγαπάσθων δὴ οἱ γονεῖς ὑπὸ τῶν τέκνων.
k) ὁ δὲ ἀνὴρ ὁ θεοσεβὴς τοῦ εὖ δρᾶν τε καὶ εὖ λέγειν ὀρέγεται.
l) πλανᾷ δὴ ὁ μάγος οὗτος τὸ πλῆθος διὰ τὰ σημεῖα ἃ ποιεῖ.
2. ἐκέλευσε δὲ ὁ ἄρχων ἕκαστον τελεῖν τοὺς τῶν φόρων ἡμίσεις οὓς τοῖς ὑπηκόοις πρότερον ἔταξεν.

3. ἐκκλινόντων ἀπὸ κακοῦ οἱ ἡγεμόνες ἡμῶν καὶ ποιούντων τὸ ἀγαθόν.
4. χρημάτων δὴ κάρτα δεόμενος χάριν ἐκπαιδεύεσθαι ἐπώλησε τὸν βοῦν διακοσίων ἀργυρῶν.
5. γενομένου δὲ χθονὸς σεισμοῦ ἐν τῇ κώμῃ, πάντες οἱ κατοικοῦντες ἀπέφυγον.
6. Ἀρταξέρξης ὁ τῶν Περσῶν βασιλεὺς τιμωρίαν ταύτην ἔταξε τοῖς ἁμαρτάνουσι τῶν ἡγεμονικῶν – ἀποδυσαμένων τὰ ἱμάτια μαστιγοῦσθαι ἀντὶ τοῦ τὸ σῶμα μαστιγοῦν.
7. διαλύει πολλάκις τοὺς ὄχλους ὁ δήμαρχος ὅταν καταπατεῖν ἀλλήλους μέλλωσιν.
8. ἄγετε, πατριῶται, ἀφιστώμεθα ἀπὸ τῶν ἐν τέλει τῶν νῦν· οὐδεὶς γὰρ ἀγνοεῖ ὅτι ἡ πόλις ἡ ἡμετέρα ὀλιγαρχεῖται.
9. οὐ παύονται οἱ ἐν τῇ νήσῳ ὑπήκοοι βλασφημεῖν περὶ τοῦ βασιλέως· ἔλεγον ποτὲ δὲ αὐτοὶ δύνασθαι ἐπὶ αὐτὸν πολεμῆσαι.
10. μὴ τολμᾶτε, μαθηταὶ, λαλεῖν δυσφημίαν εἰς τὸν διδάσκαλον ὑμῶν· εὐφημεῖτε δὴ οὖν ἀεὶ αὐτόν.
11. ὑπάγετε παρθένοι, ὑδρεύσετε ἐκ τοῦ καλλίρρου ποταμοῦ· ἐκχέατε δὲ τὸ ὕδωρ εἰς τὴν ἐν τῷ μαγειρείῳ ὑδρίαν.
12. τῶν στρατηγῶν τυγχανόντων ἐν τῇ ἐκκλησίᾳ κατηγορεῖν αὐτῶν μηδαμῶ νῦν τολμᾷ.

EXERCISE CHAPTER 29

A.

1. First person plural aorist indicative active:
   ἵστημι – ἐστήσαμεν
   ὄμνυμι – ὠμόσαμεν
   ῥώννυμι – ἐρρώσαμεν

2. Third person singular future indicative active:
   σβέννυμι – σβέσει
   ἵημι – ἥσει
   οἴγνυμι – οἴξει

3. Second person plural perfect indicative middle:
   δείκνυμι – δέδειχθε
   ἀμφιέννυμι – ἠμφίεσθε
   ἀνοίγνυμι – ἀνέῳχθε

4. Masculine nominative singular perfect participle passive:
   ῥώννυμι – ἐρρωμένος
   ἀμφιέννυμι – ἠμφιεσμένος
   ῥήγνυμι – ἐρρηγμένος

5. Masculine accusative plural aorist participle active:
   ἵστημι – στάντας
   τίθημι – θέντας
   ῥήγνυμι – ῥήξαντας

6. Aorist infinitive middle :
   ὀνίνημι – ὄνασθαι
   ῥώννυμι – ἐρρῶσθαι
   κρεμάννυμι – κρεμάσασθαι

7. Third person plural future optative middle:
   ἵστημι – στήσοιντο
   δείκνυμι – δείξοιντο
   ἵημι – ἥσοιντο

8. Third person singular aorist subjunctive active:
   ἵστημι – στήσῃ
   δείκνυμι – δείξῃ
   πίμπλημι – πλήσῃ

9. Second person singular aorist subjunctive active :
   κεράννυμι – ἐκέρασας
   ζεύγνυμι – ἔζευξας
   στόρνυμι – ἐστόρεσας

10. Third person plural aorist imperative active :
    σβέννυμι – σβεσάντων
    πήγνυμι – πηξάντων
    ῥήγνυμι – ῥηξάντων

B.

1. Future indicative active (plural only)

	ἵστημι	ἵημι	φημί
1.	στήσομεν	ἥσομεν	φήσομεν
2.	στήσετε	ἥσετε	φήσετε
3.	στήσουσι(ν)	ἥσουσι(ν)	φήσουσι(ν)

2. Future optative middle (singular and dual)

	ἵστημι	δείκνυμι	φημί
Singular			
1.	στησοίμην	δειξοίμην	φησοίμην
2.	στήσοιο	δείξοιο	φήσοιο
3.	στήσοιτο	δείξοιτο	φήσοιτο
Dual			
2.	στήσοισθον	δείξοισθον	φήσοισθον
3.	στησοίσθην	δειξοίσθην	φησοίσθην

EXERCISE CHAPTER 29

3. Aorist subjunctive active (plural only)
   δίδωμι			δείκνυμι			τίθημι

1. δώσωμεν			δείξωμεν			θήσωμεν
2. δώσητε			δείξητε			θήσητε
3. δώσωσι(ν)			δείξωσι(ν)			θήσωσι(ν)

4. Perfect indicative active (plural only)
   δείκνυμι			δίδωμι			τίθημι

1. δεδείχαμεν			δεδώκαμεν			τεθήκαμεν
							or
							τεθείκαμεν
2. δεδείχατε			δεδώκατε			τεθήκατε
							or
							τεθείκατε

3. δεδείχασι(ν)			δεδώκασι(ν)			τεθήκασι(ν)
							or
							τεθείκασι(ν)

5. Perfect indicative middle (plural only)
   ἵημι			δείκνυμι			οἴγνυμι

1. εἵμεθα			δεδείγμεθα			ἐῳγμεθα
2. εἷσθε			δέδειχθε			ἔῳχθε
3. εἷνται			δεδειγμένοι εἰσίν			ἐῳγμένοι εἰσίν

6. Aorist indicative passive (singular and dual)
   τίθημι			ἀνοίγνυμι			πίμπλημι

Singular
1. ἐτέθην			ἀνεῴχθην			ἐπλήσθην
2. ἐτέθης			ἀνεῴχθης			ἐπλήσθης
3. ἐτέθη			ἀνεῴχθη			ἐπλήσθη

Dual
2. ἐτέθητον			ἀνεῴχθητον			ἐπλήσθητον
3. ἐτεθήτην			ἀνεῳχθήτην			ἐπλησθήτην

7. Future optative (deponunt, plural only)
   κεῖμαι			δύναμαι			ἐπίσταμαι

1. κεισοίμεθα			δυνησοίμεθα			ἐπιστησοίμεθα
2. κείσοισθε			δυνήσοισθε			ἐπιστήσοισθε
3. κείσοιντο			δυνήσοιντο			ἐπιστήσοιντο

EXERCISE CHAPTER 29

8. Aorist subjunctive passive (singular only)

	κρεμάννυμι	σκεδάννυμι	δίδωμι
1.	κρεμασθῶ	σκεδασθῶ	δοθῶ
2.	κρεμασθῇς	σκεδασθῇς	δοθῇς
3.	κρεμασθῇ	σκεδασθῇ	δοθῇ

9. Aorist imperative active (singular and plural)

	ζεύγνυμι	σκεδάννυμι	ἄγνυμι

Singular
| 2. | ζεῦξον | σκέδασον | ἆξον |
| 3. | ζευξάτω | σκεδασάτω | ἀξάτω |

Plural
| 2. | ζεύξατε | σκεδάσατε | ἄξατε |
| 3. | ζευξάντων | σκεδασάντων | ἀξάντων |

10. Future indicative passive (singular and plural)

	τίθημι	πίμπρημι	σκεδάννυμι

Singular
1.	τεθήσομαι	πεπρήσομαι or πρήσομαι	σκεδασθήσομαι
2.	τεθήσῃ	πεπρήσῃ or πρήσῃ	σκεδασθήσῃ
3.	τεθήσεται	πεπρήσεται or πρήσεται	σκεδασθήσεται

Plural
1.	τεθησόμεθα	πεπρησόμεθα or πρησόμεθα	σκεδασθησόμεθα
2.	τεθήσεσθε	πεπρήσεσθε or πρήσεσθε	σκεδασθήσεσθε
3.	τεθήσονται	πεπρήσονται or πρήσονται	σκεδασθήσονται

C. Parsing:
   ἑθήσοιντο, third person plural future optative passive of ἵημι, I send
   ἐδέδοτο, third person singular pluperfect indicative passive of δίδωμι, I give
   ζεῦξαι, aorist infinitive active of ζεύγνυμι, I join, yoke
   κεκραμέναι, feminine plural perfect participle middle/passive of κεράννυμι, I mix
   δύνῃ, second person singular present subjunctive of δύναμαι, I am able

EXERCISE CHAPTER 29

D.
1. a) Come on, let us wage war against those who revolted from us.
   b) Let the witness stand up and speak his mind.
   c) While the students stood around, the teacher discoursed.
   d) Let children ascribe the credit of good life to parents.
   e) May God bestow blessings upon you (give you good things).
   f) One who pursues obscure things cannot easily accomplish things that are manifest.
   g) Let no one betray any one.
   h) I greatly admire him since he speaks Greek.
   i) The money given to me is not enough.
   j) Let us not neglect to do things that are proper.
2. When a storm of rain occurred in the land of the barbarians, many village-towns were deluged with water and perished.
3. The king wishing to punish his revolting subjects sent commissioners to them; when however they had heard what would soon happen they fell at the feet of the agents who brought the message, seeking for the king's compassion.
4. Solon went abroad that he might not be compelled to add to or subtract from the laws he made.
5. We shall surely conquer the enemy tomorrow and set up a trophy.
6. After this man, stand up and say all that you have heard from the teacher.
7. Critias was the leader of the Thirty Tyrants established in Athens at the end of the Peloponnesian War.
8. The gods always contemplate to vent wrath upon men who blaspheme them.
9. Often the lawgiver himself does not obey the laws.
10. A certain buffoon once spoke as follows: since laughter has perished from the world, my business is ruined.
11. Do not sell your merchandise on credit; sell only to those who are capable to pay.

E.
1. a) ἀνάθετε, ὦ στρατιῶται, τοῖσ θεοῖς τὴν τῶν σκύλων δεκάτην.
   b) ὁ δὲ, διέδωκε μέγα μέρος τῶν ὑπαρχόντων αὐτοῦ τοῖς πτωχοῖς.
   c) δίκην δὴ δώσεις ἐάν τινα ἀδικήσῃς.
   d) μὴ ἀποδῷ τὸ χωρίον εἴκοσι μνῶν.
   e) μὴ προδώσωμεν τοὺς φυγάδας τοὺς ἐν ἡμῖν.
   f) δύνᾳ τοὺς ἵππους τούτους ζεῦξαι;
   g) πολὺν ἀργύριον δοθήσεται ὑμῖν αὔριον.
   h) ἃ λέγει ὁ δημηγόρος οὐ συνίεμεν.

i) τοῦ στρατηγοῦ κελεύσαντος ἐπεξῇσαν τοῖς πολεμίοις οἱ στρατιῶται.
j) τοῦτον τὸν ἄνδρα ἀγαθὸν εἶναι οὐ φήσω.
k) ὁ μὲν παῖς ἐπὶ τὴν κλίνην κεῖται, ἡ δὲ παρθένος ἐφ' ἕδραν κάθηται.

2. ὁ δὲ βασιλεύς τε καὶ οἱ περὶ αὐτὸν ἐν μαλακοῖς ἠμφιεσμένοι εἰσίν.
3. πολιορκήσαντες δὲ τὴν τῶν ἐχθρῶν πόλιν διὰ πολλοῦ χρόνου, κατεστήσαμεν αὐτοὺς ἐν ὑστάτοις εἰς φόβον.
4. πολλάκις δὴ ἀφίστανται οἱ ὑπήκοοι ὅταν ὁ βασιλεὺς βούληται πολὺν φόρον αὐτοῖς ἐπιτιθέναι.
5. τρὶς δὴ ἐπέθεντο οἱ πολέμιοι τῇ πόλει, καὶ τὸ τεῖχος ῥήξασθαι ἐπείρασαν.
6. σώφρων δὴ νῦν εἶ ὡς πολὺν ἀργύριον δέδωκας ἐπὶ σοφίᾳ τοῖς σοῖς διδασκάλοις.
7. παρέθηκε δὲ πρώην ὁ ἄρχων οὐ μόνον δεῖπνον ἄμεμπτον ἀλλὰ καὶ θεάματα καὶ ἀκροάματα ἥδιστα παρεῖχε τοῖς τῆς χώρας πρώτοις.
8. τὸ ἔργον τοῦτο ἐπειδὴ οὐ δυνάμεθα νυνὶ ἀποτελεῖν, εἰς αὖθις ἀποθώμεθα.
9. καταψηφισθήσεται δὲ δὴ αὔριον ὁ σὸς ἡγεμὼν καὶ τὴν ἀρχὴν καταθήσεται.
10. δεῦτε, συμπολῖται, θῶμεν τὸν ἀνδριάντα τὸν τοῦ τῆς πόλεως σωτῆρος ἐν τῇ ἀκροπόλει.
11. ὑπεδέξατο δὲ ὁ πατὴρ μεταδοῦναι τοῖς υἱέσιν αὐτοῦ τὸ τῶν χρημάτων τριτημόριον.
12. ἀνοίξαντες δὲ θύραν, εἴσεσθε εἰς τὸ δῶμα· εἶτα τὸ ἐν τῷ δωματίῳ πῦρ σβέσατε.
13. μὴ παράδοτε, ὦ συστρατιῶται, τὴν ἀγαπητὴν πόλιν τὴν ὑμετέραν τοῖς ἐναντίοις· θαρσεῖτε, ὀνήσεσθε γὰρ τάχα τῆς ἐλευθερίας.

EXERCISE CHAPTER 30

A.
τοσοῦτος

	Masculine	Feminine	Neuter
Nominative	τοσοῦτος	τοσαύτη	τοσοῦτο or τοσοῦτον
Accusative	τοσοῦτον	τοσαύτην	τοσοῦτο or τοσοῦτον
Genitive	τοσούτου	τοσαύτης	τοσούτου
Dative	τοσούτῳ	τοσαύτῃ	τοσούτῳ

τηλικοῦτος

	Masculine	Feminine	Neuter
Nominative	τηλικοῦτοι	τηλικαῦται	τηλικαῦτα
Accusative	τηλικούτους	τηλικαύτας	τηλικαῦτα
Genitive	τηλικούτων	τηλικούτων	τηλικούτων
Dative	τηλικούτοις	τηλικαύταις	τηλικούτοις

B.
σός

	Masculine	Feminine	Neuter
Nominative	σοί	σαί	σά
Accusative	σούς	σάς	σά

Genitive	σῶν	σῶν	σῶν
Dative	σοῖς	σαῖς	σοῖς

ἡμέτερος

	Masculine	Feminine	Neuter
Nominative	ἡμέτερος	ἡμετέρα	ἡμέτερον
Accusative	ἡμέτερον	ἡμετέραν	ἡμέτερον
Genitive	ἡμετέρου	ἡμετέρας	ἡμετέρου
Dative	ἡμετέρῳ	ἡμετέρᾳ	ἡμετέρῳ

C.
1. ἐμοί, ἐμαί, ἐμά
2. τοιοῦδε, τοιῷδε
3. ἡμετέρους, ὑμετέρους
4. πόσῳ, πόστῳ
5. ὅσα, οἷα

D. Parsing:
τοσούτοις, masculine/neuter dative plural of demonstrative pronoun τοσοῦτος, so great
τοιοίδε, nominative masculine plural of demonstrative pronoun τοιόσδε, such, so great
ὑμετέρων, genitive plural of possessive pronoun ὑμέτερος, your, yours
ἐμαῖς, feminine dative plural of possessive pronoun ἐμός, my, mine
πότερα, neuter nominative/accusative plural of interrogative pronoun πότερος, which of the two?
ὁποῖα, neuter nominative/accusative plural of relative pronoun ὁποῖος, of what sort or quantity

E.
1. a) Your barren wife will bear you a son hereafter.
   b) We shall surely defeat our adversaries in this war.
   c) This is the wife of Hector.
   d) The same men always dwelt in Attica.
   e) You yourself will turn out to be wise by associating with the wise.
   f) The Greeks distrust one another.
   g) Parents, always love your children.
   h) In what art is your brother skilled?
   i) May no one see the death of his own children.

j) This is the house of Menelaus whence I brought you.
k) Why do you do what I do?
l) The soothsayers do not know anything of what they say.
m) Fellow-citizens, you will be worthy of the freedom which you will acquire.
n) Do not believe this saying, for the speaker always plays false.
o) This fellow then was punished by that judge in accordance with our law.
p) Neither you nor I have much money.
q) Are you laughing at me?
r) My son, let your friend be very dear to you.
s) Your own brothers admire our village.
t) Pupils, who among you can speak Greek?

2. I am determined, master, to inform you about what the labourers in the field did yesterday.
3. A certain priest named Phoebus gave them a coin from the temple.
4. That man and his wife who have no children are both advanced in years.
5. A certain envoy whom the king sent to his subjects could not talk to them with boldness.
6. I shall send you a guide who will lead you through the field to our village-town.
7. This man was sent to announce to us the glad tidings of the victory of our army.
8. My son, believe my words which have already done good to many people.
9. The slave-girl stole her mistress' money and attempted to run away.
10. Is there any one in your village who is called by this name?
11. After the battle, we returned home; then the enemy sent envoys to make peace with us.
12. We at all events pity those who do not have adequate means of sustenance; for most of them die daily of various diseases.
13. You must not, fellow-citizens, insult these envoys, for I think that they are the most faithful of all those who have formerly come to our country.
14. A king is loved by the whole people; but a tyrant is afraid of all his subjects, and even of his own sons.
15. The ideally happy (people) must be in possession of these three good things-external goods, goods of the body, and goods of the soul.
16. Let your lawgiver seek at any rate laws that are just and expedient and consistent with each other.

17. No one can do in one day this work which you intend to do except some one works with him.

F. 1. a) κατὰ τί γνώσομαι τοῦτο;
b) αὕτη ἡ γυνὴ οὖσα κωφὴ ἀεὶ νεύει κεφαλήν.
c) καὶ αὐτὸς πολλῶν πολέμων ἔμπειρός εἰμι.
d) διαλύσασθε τὰς πρὸς ὑμᾶς αὐτοὺς (τὰς πρὸς ἀλλήλους) ἔχθρας.
e) ἀνὴρ οὗτος οὐ μόνον τοὺς ἑαυτοῦ υἱοὺς στέργει ἀλλὰ καὶ τοὺς ἐμούς.
f) τίς νῦν ἀγορεύειν βούλεται;
g) τίσι ποτὲ λόγοις ἔπεισαν Ἀθηναίους;
h) τούτῳ δὲ δὴ τῷ τρόπῳ ἔτραφον οἱ Σπαρτιᾶται τοὺς σφῶν αὐτῶν νεανίας.
i) ἡμεῖς οὖν, ἐπεὶ ἠκούσαμεν ταῦτα, οὐκ ἠθέλομεν πιστεύειν αὐτῷ.
j) ὅταν μέλλῃς ἐσθίειν, ἐμὲ παρακάλει.
k) βοηθεῖτε, ὦ πολῖται, ἀλλήλοις.
l) αἱ ἐμαὶ θυγατέρες τῶν σῶν σωφρονέστεραί εἰσιν.
m) ταύτην τὴν σφραγίδα δὸς τῇ σῇ κόρῃ τῇ καλλίστῃ.
n) τὸν ἄνθρωπον, ὅστις ῥᾴθυμός ἐστιν, οὐδεὶς ἐπαινεῖ.
o) ᾧ πάντες οἱ σοὶ ἀδελφοὶ ἀπεχθῶς ἔχουσι, τοῦτον σὺ μόνος θαυμάζεις.
p) μυριάδας τοῦ ὄχλου ἐν τῇ ἀγορᾷ ὁρῶ μέλλοντας ἀλλήλους καταπατεῖν.
q) σημανῶ ὑμῖν τοῖς φίλοις μου, οὗ ὁ δεσπότης οἰκεῖ.
r) πᾶς ὅστις ἂν προδιδῷ τὴν ἑαυτοῦ πατρίδα κολάζεται.
s) ἐπιμελές σοί ἐστιν εὖ μαθεῖν ἃ δεῖ εἰπεῖν τοῦ κριτοῦ παρόντος.
t) διδάξει δ'ὑμᾶς ὁ ὑμέτερος διδάσκαλος ὃ δεῖ ποιεῖν.
2. γράψον ἡμῖν ἐπιστολὴν ἵνα ἐπιγνῶμεν περὶ ὧν γίγνονται ἐν τῇ πόλει τῇ σῇ.
3. αἰσχυνόμενος δὲ δὴ ὁ παῖς ὃ τὸ ἱμάτιον ἔκλεψε, περιέκρυψεν ἑαυτὸν ἐν τῷ δωματίῳ ἡμέρας τρεῖς.
4. πιστεύετε, ὦ τέκνα, τούτοις τοῖς λόγοις τοῖς ἐμοῖς οἳ ἀεὶ ἀληθεῖς εἰσιν.
5. δεῖ ἡμᾶς, ὦ συμπολῖται, ἐν ὅπλοις εἶναι πάντοτε ὅπως δυνώμεθα φόβον ἐμβάλλειν τοῖς ἡμετέροις πολεμίοις.
6. τὰ μὲν ἐκτὸς ἔχει πέρας, ὧν τὴν ὑπερβολὴν ἢ βλάπτειν ἀναγκαῖον ἢ μηδὲν ὄφελος εἶναι τοῖς ἔχουσιν· τῶν δὲ περὶ ψυχὴν ἕκαστον ἀγαθῶν ὅσῳ περ ἂν ὑπερβάλλῃ τοσούτῳ μᾶλλον χρήσιμον εἶναι.
7. ἐάν τινές σοι ἄγωσιν κτήματα ὧν αὐτοὶ μὲν ἐνδεεῖς εἰσι, σὺ δὲ πλουτεῖς, μὴ χαῖρε.
8. εἰπέ μοι τὴν καλλίστην δωρεὰν καὶ χρησιμωτάτην καὶ μάλιστα πρέπουσαν ἐμοί τε δοῦναι καὶ σοὶ λαβεῖν.

9. οἱ δὲ πλεῖστοι τῶν τυράννων οὓς ἔδει παιδεύεσθαι μᾶλλον τῶν ἄλλων διατελοῦσιν ἀνουθέτητοι.
10. εἰ δὲ τις τοὺς κρατοῦντας τοῦ πλήθους ἐπ' ἀρετὴν προτρέψειεν, ὀνήσειεν ἂν τοὺς ὑπ' αὐτοῖς ὄντας τε καὶ τοὺς τὰς δυναστείας ἔχοντας αὐτούς.
11. δεῦρ' ἄγε, ὦ ὀρχηστρίδα καὶ ἐγὼ μὲν πάνυ ἂν ἡδέως μάθοιμι παρὰ σοῦ τὸ ὀρχεῖσθαι.
12. παῖδες, μιμνήσκεσθε ἀεὶ τῶν γονέων ὑμῶν, μάλιστα δὲ τῶν πτωχῶν καὶ κακῶς ἐχόντων.
13. ἔφη δέ τις ποτὲ ὅτι βασιλεῖς τὰς βασιλείας τοιαύτας ἕξουσιν, οἵας ἂν τὰς αὐτῶν γνώμας παρασκευάζουσιν.
14. ἐὰν οὐδένα εἰς ὀργὴν καταστῶμεν, οὐ φοβηθησόμεθα τί ποιήσει ἡμῖν ἄνθρωπος.
15. εἰπὲ τῷ θεράποντί σου ἄψ αὖτις ἐλθεῖν εἰς τὸν ἐμὸν οἶκον· αὐτὸς γὰρ οἴσει σοι τὰ χρήματα ἃ δεδάνεισμαι ἐπὶ μεγάλοις τόκοις.
16. μὴ δωρεῖτε τοὺς ἔχοντας· δότε δὲ δῶρα ἐκείνοις οἷς χρήματα ἱκανὰ οὐκ ἔστιν.
17. ἀνήρ τις ὀνόματι Δημοσθένης ἡμᾶς εὗρε καθημένους ἐν τῇ ἀγορᾷ σφόδρα πεινῶντας· ὁ δὲ ἀναγαγὼν ἡμᾶς εἰς τὸν οἶκον αὐτοῦ παρέθηκε τράπεζαν.
18. ὅταν μέλλῃς μανθάνειν ὀρχεῖσθαι, βῆθι εἰς τὴν ὀρχήστραν· ἐκεῖθι γάρ σοι αὐλήσει ἵνα καὶ σὺ ὀρχήσῃ.
19. εἰ τῆς βίβλου ταύτης χρῄζετε, δώσω ὑμῖν.

EXERCISE CHAPTER 31

A.
1. Aorist indicative of ἄγαμαι
   Dual
   2.   ἠγάσασθον
   3.   ἠγασάσθην

   Plural
   1.   ἠγασάμεθα
   2.   ἠγάσασθε
   3.   ἠγάσαντο

2. Future indicative active of ἄγω
   Singular
   1.   ἄξω
   2.   ἄξεις
   3.   ἄξει

   Dual
   2.   ἄξετον
   3.   ἄξετον

3. Perfect indicative active of αἱρέω
   1.   ᾑρήκαμεν
   2.   ᾑρήκατε
   3.   ᾑρήκασι(ν)

4. Future optative middle of ἀείδω (ᾄδω)
    Singular
    1. ᾀσοίμην
    2. ᾄσοιο
    3. ᾄσοιτο

    Dual
    2. ᾄσοισθον
    3. ᾀσοίσθην

5. Aorist indicative passive of ἀκούω
    Dual
    2. ἠκούσθητον
    3. ἠκουσθήτην

    Plural
    1. ἠκούσθημεν
    2. ἠκούσθητε
    3. ἠκούσθησαν

6. Aorist imperative active of αἴρω
    Singular
    2. ἆρον
    3. ἀράτω

    Dual
    2. ἄρατον
    3. ἀράτων

    Plural
    2. ἄρατε
    3. ἀράντων

7. Imperfect indicative middle/passive of βάλλω
    Singular
    1. ἐβαλλόμην
    2. ἐβάλλου
    3. ἐβάλλετο

    Dual
    2. ἐβάλλεσθον
    3. ἐβαλλέσθην

    Plural
    1. ἐβαλλόμεθα
    2. ἐβάλλεσθε
    3. ἐβάλλοντο

8. Aorist subjunctive middle of λαμβάνω
   Singular
   1. λάβωμαι
   2. λάβῃ
   3. λάβηται

   Dual
   2. λάβησθον
   3. λάβησθον

   Plural
   1. λαβώμεθα
   2. λάβησθε
   3. λάβωνται

9. Perfect indicative active of ἕλκω
   Dual
   2. εἱλκύκατον
   3. εἱλκύκατον

   Plural
   1. εἱλκύκαμεν
   2. εἱλκύκατε
   3. εἱλκύκασι(ν)

10. Present imperative active of χαίρω
    Singular
    2. χαῖρε
    3. χαιρέτω

    Dual
    2. χαίρετον
    3. χαιρέτων

    Plural
    2. χαίρετε
    3. χαιρόντων

B.
1. ἐπῃνέσαμεν
2. βήσονται
3. γηράντες
4. δέδηκται
5. ἐγηγέρκατε (transitive) and ἐγρηγόρατε (intransitive)
6. ἐζευγμένος

7. ἐκαθέζοντο
8. μαθόντων
9. ἐφθάρμεθα
10. ὠνήσοιτο

C. Parsing:
ἐάγαμεν, first person plural, perfect indicative active of ἄγνυμι, I break
ἀπώλετο, third person singular, second aorist indicative of ἀπόλλυμαι, I perish utterly = middle of ἀπόλλυμι, I destroy utterly
βεβρώτων, masculaine and neuter genitive plural perfect participle active of βιβρώσκω, I eat
γαμεῖσθε, second person plural future indicative of γαμοῦμαι, I get married, middle of γαμῶ (γαμέω), I marry
καταδεδαρθηκυίαις, feminine dative plural perfect participle active of καταδαρθάνω, I fall asleep
διαλεξοίσθην, third person dual, future optative (deponent) of διαλέγομαι, I converse with
ἐπίστηται, third person singular present subjunctive of ἐπίσταμαι, I know
εἰδήσουσι(ν), third person plural future indicative of οἶδα, I know
μάχεσθαι, present infinitive of μάχομαι (deponent), I fight
πείθεσθε, second person plural present imperative of πείθομαι, I obey, middle of πείθω, I persuade

D.
1. Learn properly in order to be able to teach well.
2. Do not let your enemy know your weakness.
3. Enter the room; do not go out thence until I come.
4. Your teacher was enraged with you because you were careless.
5. Hear always, o people, the counsel of your ruler.
6. Let not the lost money be a care to you (Do not care for the lost money).
7. Know, o child, that you are a debtor to your parents.
8. If I had much money, I would have bought a big house.
9. All the children in the town were seized and taken to enemy's country.
10. If these wares please you, I shall buy some of them for you.
11. When he had gone out from there, he went round the villages seeking for the poor.
12. Children, go to your mother, for she knows what you need.
13. Let the soldier who saved the woman come back to the assembly; for he will receive many gifts from the people.

14. General, do not lead this expedition into the enemy country until the other armament has arrived.
15. My son, drink only water always; do not ever drink wine.
16. This man, wishing to appear wealthy, went round the city dressed in fine clothing.
17. Our ruler took counsel slowly, but executed his resolutions quickly.
18. If you intend (have in mind) to marry my daughter, be God-fearing.
19. This man, having been persuaded with gold, became a traitor to our country.
20. Towards evening, the general justly distributed the spoils among all the soldiers.
21. Since they did not obey this law, they were all liable to die.
22. Fight couragesously, fellow-citizens, in order to set your native-land free.
23. Children, always honour your senior and it will be well with you.
24. If any one really wishes to know the future, let him in the first place (first of all) learn the past.
25. Adequately send us provisions, o king; on receiving them, we shall be able forthwith to make an inroad into the land of the barbarians.
26. He purposed to travel the night through in order to arrive in his town at dawn.
27. He rendered thanks to those men who always gave food and drink to his sons.
28. The trader's shop was shut because he did not pay his market dues.
29. Shun impiety that both the gods and all men may be well disposed towards you.
30. Whoever will pass by that house will be bitten by a dog.
31. We arrived at Athens on the third day as we had determined.
32. A sin was committed by the people; soon after, a terrible mishap visited the whole land.
33. You obtained a magistracy by lot, but I prefer to be elected a ruler.
34. If you meet with my brother in the city, give him this letter.
35. The impious forget quickly the blessing from the gods, but it is not so with the righteous.
36. That woman, having been caught in the act of theft, was imprisoned for three years.

37. A few days after the beginning of hostility, the enemy on the mountain came down and entered into negotiations with our general in regard to a truce and hostages.
38. When many people from the neighbourhood had heard that we had become prosperous, they came to us asking for money.
39. Live without blame so that before you die, you would happily say, "Up till now, no one has lived a better life than I."
40. Of a truth, this prophet does not lie against God; for he has revealed to many of the people the counsels of God and in no instance has he been shown that he played false.

E.
1. ὅσοι σοφοῖς ὁμιλοῦσιν, αὐτοὶ σοφοὶ ἐκβαίνουσιν.
2. ἐὰν τῷ ἡμετέρῳ ἄρχοντι λοιδορήσῃς, λήψει δίκην.
3. τάχα δὴ λήσονται ἃ οὐ σαφῶς μεμαθήκασιν.
4. μανθανέτω χρηστήν τινα τέχνην ἅπας.
5. μὴ ποιήσῃς ταῦτα, υἱέ μου· εἰ δὲ μή, αἰτίαν σχήσεις.
6. νῦν, εἰ τῷ ἄρχοντι πείθοισθε, μεγάλους ὑμᾶς ἂν ποιήσοι.
7. ὁ δὲ σοφιστὴς μετέβη ἐντεῦθεν χθὲς τοῦ διδάσκειν ἐν ταῖς ἄλλαις πόλεσιν.
8. ὁ δ'ἀναλώσας τὸν πλοῦτον τὸν παρειλημμένον, ἄγαν ἐγένετο πτωχός.
9. μιμνησκώμεθα ἀεὶ τῆς φροντίδος τῶν γονέων περὶ ἡμῶν.
10. οὐκ οἰόμεθα εὑρήσειν τὸν ὑπηρέτην τὸν ἀποδεδρακότα.
11. κατ'ἐκείνας τὰς ἡμέρας, πολλάκις ἐτύγχανον τοῦ ἐπιστάτου ἐπὶ τὴν ἐκκλησίαν ποσὶ βαίνοντος.
12. ὁ δὲ τῶν βαρβάρων ἄρχων φοβούμενος μὴ ἐπὶ τὴν αὐτοῦ χώραν στρατεύηται τὸ στράτευμα τὸ Ἑλληνικόν, ἐδεῖτο τὸν Ἕλληνα στρατηγὸν ἐκ τῆς Ἀσίας διαβιβάσαι τὸ στράτευμα.
13. ἡ δὲ γυνὴ πέμψασα πρὸς τὸν ἰατρὸν τὸν τυχόντα κατ' ἐκεῖνον τὸν χρόνον ὄντα ἐν τῇ πόλει, ἐδεῖτο εἰσελθεῖν εἰς τὸν οἶκον αὐτῆς τὸν υἱὸν ἰᾶσθαι.
14. πολλάκις δὴ δίκην ἐξέτεινον τῶν στρατιωτῶν· εἶπον οὖν τῷ στρατηγῷ, ὅτι ἀπαλλάξοιντο ἤδη ἀπὸ τῆς στρατιᾶς καὶ βούλοιντο οἴκαδε ἀπιέναι.
15. προσέταξεν ὁ διδάσκαλος τοὺς ἀναγιγνώσκοντας τάχα κορεῖν τὴν αὐλήν· ἔφασαν οὖν ταῦτα ποιήσειν.
16. ἀπόλυσον ἡμᾶς, ὦ βασιλεῦ, ἀπὸ δεσμοῦ· ἐὰν ταῦτα πράξῃς, οὐ μεταμελήσῃ.
17. οὐκ ἠθέλησε ὁ ἄγγελος ἀποδημεῖν· ὁ δὲ ἤχθετο ὅτι οὐκ εἶχε ἀργύριον ἐπισιτίζεσθαι εἰς τὴν πορείαν
18. τὰ μὲν ἐπιτήδεια λαμβάνετε, ὦ στρατιῶται, ἐκ τῶν τῆς πολεμίας κωμῶν· εἰσὶ δὲ αὐτόθι πολλαὶ κριθαὶ καὶ πυροὶ καὶ τἆλλα ἐπιτήδεια.

19. οὗτοι δ᾽ἔλεγον ὅτι ἀδικώτατα πάσχοιεν ὑπὸ τῶν συμπολιτῶν ὑμῶν ἐκβαλλόμενοι ἐκ τῆς πόλεως ἐπὶ νυκτί.
20. οἱ δὲ φύλακες ὡς εἶδον προσθέον τὸ θηρίον, συγκλείουσι τὰς πύλας καὶ τὸν μοχλὸν ἐμβάλλουσιν.
21. ἐπυνθάνετό τις περὶ σοῦ πότερα πολέμιος εἴης ἢ φίλος.
22. ἐπακούσαντες δέ τινες τῶν πολιτῶν ταῦτα, ἐχάρησαν σφόδρα.
23. λαβόντες δὲ ἐπιτήδεια ἐκ τῆς πολεμίας, ὦ στρατιῶται, ἀνέλθετε οἰκόνδε ὡς τοῖς οὐκ ἔχουσι διαδώσοντές τινα <αὐτῶν>.
24. κατασχίσειν τε τὴν θύραν ἔφασαν οἳ νυκτικλέπται εἰ μὴ ἑκὼν ἀνοίξει οἰκοδεσπότης.
25. εἰσβλημένων δὲ τῶν ἐναντίων, ἐξέφυγον οἱ ἐνοικοῦντες ἐκ τοῦ ἄστεως· οἱ μὲν εἰς τὴν ὕλην ἔθεον, οἱ δὲ ἐπὶ θάλατταν.
26. νῦν ἄν, εἰ βούλοιο, σύ τε ἡμᾶς ὀνήσαις, καὶ ἡμεῖς ἃ εἴρηκας ποιήσαιμεν.
27. θέσθω στρατιώτης ἅπας τὰ ὅπλα ἐν τάξει ὡς τάχιστα καὶ οἷς ἐρῶ ἀκουέτω.
28. ἔκτεινον τὴν χεῖρά σου, τὸν ἔριφον ἐκ ὀρύγματος αἴρειν.
29. πρὶν ἐπίορκον ὀμεῖσθε, ἐνθυμεῖσθε ἃ ἔσται ἐντεῦθεν.
30. ἐὰν ταῦτα πράξωμεν, πολέμιοι ἐσόμεθα ἀποδεδειγμένοι τοῖς ἡμετέροις συμμάχοις τοῖς προτέροις.
31. δυνάμεθα δὴ εἰκάζειν τί ἂν γενήσοιτο ἐκ τῶν γεγενημένων.
32. τοὺς δ᾽Ἀθηναίους, οἳ πρόσθεν πολλῶν νήσων, τε καὶ πόλεων ἦρχον, ἔλαβον ὑποχειρίους οἱ Λακεδαίμονες.
33. ὡς δὴ πάντες ἡμεῖς ἐπιστάμεθα οὐδείς ἐστιν ὅστις ἀδίκως ἕλκεται ἐπαινεῖται ὑπὸ τῶν δικαίων.
34. ὁ δ᾽ἀνὴρ ἐκεῖνος ηὐξήθη ἀνὰ χρόνον ὑπὸ τοῦ ἄρχοντος ὃν ἦλθε ἀφαιρησόμενος τὴν ἀρχὴν καὶ ἀποκτενῶν, εἰ δύναιτο.
35. ὁ δὲ λεὼς ἀκούσας τοὺς πολεμίους ἐπὶ τὴν πόλιν ἐπιόντας, ἐφοβήθη σφόδρα.
36. τίνα ἐξῆλθες εἰς τὴν κώμην θεάσασθαι; ἀσπάζεσθαι τὸν ἀδελφόν μου τὸν πρεσβύτερον ἐξέβην.
37. ὦ δέσποτα, εἴ μοι πρότερον ἔλεξας, ἔμεινα ἂν οἴκοι.
38. λισταί τινες ἐλθόντες ἐκ τῶν προσχώρων πολισμάτων πυρὸς οἰκίας ἐνέπρησαν· ἀπέθανε δὲ οὐδείς· κατεκαύθη μέντοι καὶ ἐσθής τινων καὶ ὑπάρχοντα ἄλλα.
39. εἰ δ᾽ἔτι προβήσεται ἡ ἡλικία, ἴσμεν ὅτι ὁρᾶν τε χεῖρον καὶ ἀκούειν ἧττον, καὶ δυσμαθέστερον εἶναι καὶ ὧν ἐμάθομεν ἐπιλησμονέστερον.
40. εἰ ὁσίως τε καὶ δικαίως ἅπαντα τὸν βίον βεβιώκαμεν, τὸ ἀποθνήσκειν οὐκ ἂν δεισοίμεθα.
41. δικαστήριά τινα ἐν τῇ σῇ χώρᾳ συχνὸν ἐσφάλησαν, ὡς πολλάκις, μὲν οὐδὲν ἀδικοῦντας λόγῳ παραχθέντες ἀπέκτειναν, πολλάκις δὲ ἀδικοῦντας ἢ ἐκ τοῦ λόγου οἰκτίσαντες ἢ ἐπιχαρίτως εἰπόντας, ἀπέλυσαν.

www.ingramcontent.com/pod-product-compliance
Lightning Source LLC
Chambersburg PA
CBHW070645300426
44111CB00013B/2270